ENSAIOS

Estudos de cultura

Produção cultural

Identidade cultural

VALTERLEI BORGES

2020

BORGES, Valterlei. Ensaios: estudos de cultura, produção cultural, identidade cultural. Rio de Janeiro: Provisório Permanente Produções, 2020.

Para Rafaela e Enzo, pessoas deste século.

SUMÁRIO

APRESENTAÇÃO

Ensaios apresenta uma seleção de onze textos que escrevi nos primeiros vinte anos deste século. Nesse período o Brasil e o mundo viveram grandes transformações sociais, políticas e econômicas, coisas que seriam difíceis de prever - muito menos acreditar - no início do já longínquo ano 2000. Por aqui vivemos o sonho de ter um presidente de origem popular; países da América do Sul viveram sonhos semelhantes; os Estados Unidos viveram o sonho de ter um presidente negro; a China passou a ser um protagonista na geopolítica mundial. Milhões de pessoas ao redor do mundo saíram da extrema pobreza, enquanto neste momento são novamente empurradas ao mesmo lugar. Vimos ganhos sociais e políticos em muitos países e agora voltamos a testemunhar uma fragilização generalizada da democracia. São 20 anos de grandes e significativas mudanças. Sem dúvida, um mundo muito mais dinâmico e complexo de ser analisado do aquele do início dos anos 2000.

Minha formação enquanto pesquisador e, consequentemente, a escrita dos textos aqui apresentados, se deram nesse turbilhão que virou o primeiro quinto do século XXI.

Enquanto alguns textos são reflexos nítidos dessas mudanças e analisam situações do campo social, outros priorizam a análise de produtos ou dinâmicas culturais gerados nesse contexto. Quando relemos os textos que escrevemos com certo distanciamento temporal, muitas vezes percebemos aspectos que se revelam mais fortes agora do que no momento em que foram elaborados. De certa forma, a partir da dinâmica da cultura, eu diria que os textos selecionados são uma tentativa de interpretação do novo contrato social que parece estar aflorando neste século.

Na organização do material preferi não fazer nenhum tipo de adaptação ou atualização do conteúdo, pois acredito que tal como são revelam a análise de um momento crucial do Brasil, sob a ótica de um pesquisador em formação. É importante termos em mente que o valor de um texto não reside necessariamente na sua atualidade, mas sim na forma em que apresenta e revela para os leitores de agora o que foi abordado no momento de sua escrita.

Dos onze textos do livro, nove foram publicados em diversos veículos de comunicação, tais como periódicos acadêmicos nacionais e internacionais, revistas de grande circulação e portais especializados em comunicação e mídia, e dois textos são inéditos - isto é, apesar de terem sido escritos há anos, não foram publicados. Trata-se, portanto, de temas distintos que, via de regra, abordam a cultura e suas manifestações, não havendo necessidade de uma sequência para a leitura. Embora alguns textos girem em torno de temas semelhantes, os conteúdos funcionam de forma independente e podem ser lidos de acordo com o interesse do leitor pelo assunto.

O primeiro texto é *Ficção e realidade na cidade olímpica: uma abordagem sobre a construção da imagem do Rio de Janeiro 2016*, que investiga, três anos antes das olimpíadas de 2016, a construção da imagem da cidade do Rio de Janeiro. É apresentado um pouco da relação que se deu entre o Estado (governo e município) e os grandes veículos de comunicação da cidade, notadamente o jornal O Globo, na camuflagem da realidade e construção de uma cidade fictícia, que nunca existiu para os cariocas.

O tanka brasileiro de Raimundo Gadelha faz uma apresentação do livro "Um estreito chamado horizonte", de autoria do escritor brasileiro Raimundo Gadelha. Trata-se do primeiro livro de tankas (tradicional forma de poesia japonesa) escrito originalmente em português. O texto apresenta ainda um pouco das relações históricas e das migrações entre as culturas brasileira e japonesa iniciadas no começo do século XX.

O conhecimento popular e os novos suportes midáticos busca apontar os benefícios e as necessidades de os grupos e manifestações populares se adaptarem às novas realidades tecnológicas, especialmente às novas mídias de produção, veiculação e consumo difundidas via internet no primeiro decênio do século XXI. Embora algumas das mídias apontadas tenham caído em desuso, é interessante perceber a entrada das manifestações culturais tradicionais no campo digital, que começava naquele momento a ganhar projeção e massificação.

O caso do blog de Maria Bethânia faz uma breve análise da polêmica surgida a partir do projeto "O mundo precisa de poesia – blog", envolvendo a célebre cantora Maria Bethânia. O projeto se tornou polêmico quando veio à tona o valor dos cachês que seriam pagos a partir da captação de recursos pela lei federal de incentivo à cultura, a famigerada Lei Rouanet.

A questão do valor na crítica e na produção cultural contemporânea aborda a importância de se resgatar a discussão sobre o valor da crítica cultural contemporânea, que foi sendo enfraquecida especialmente no final do século

XX. Na exposição também são levantadas algumas questões pertinentes aos Estudos Culturais e alguns assuntos referentes aos desdobramentos da digitalização da música.

Indústria fonográfica: ápice e declínio no século XX faz um levantamento de impactos trazidos pelo desenvolvimento da indústria fonográfica no consumo da música. Desde o surgimento do fonógrafo no final do século XIX até a revolução trazida pela digitalização e o compartilhamento de arquivos na primeira década do século XXI, a pesquisa apresenta, em ordem cronológica, os principais aparelhos de reprodução sonora ou suportes físicos de música aparecidos no período, criando assim um histórico da evolução tecnológica da indústria fonográfica no século XX.

Regionalismo e identidade na obra de Vitor Ramil: uma análise do disco Délibáb investiga a construção da identidade artística do músico brasileiro Vitor Ramil a partir da estética do frio. Para isso, parte-se da análise do disco "Délibáb", trabalho integralmente composto por poemas musicados de Jorge Luis Borges e João da Cunha Vargas. Ao musicar poemas de dois distintos autores, Ramil consegue trazer à tona fortes referências culturais do sul, reforçando sua defesa de uma estética do frio, ao mesmo tempo em que torna a poesia sulista e a milonga em produtos culturais de referência da cultura gaúcha.

Alguns pressupostos teóricos sobre a construção social das identidades faz uma análise sobre a construção social das identidades a partir do diálogo com cinco autores: Marcel Mauss, Sylvia Caiuby Novaes, Antonio Firmino da Costa, José Madureira Pinto e Stuart Hall. Apesar da aparente distância crítica entre os autores, o texto apresenta pontos de contato em todos os estudos analisados, mostrando que as identidades geralmente são criadas a partir de conflitos e disputas sociais, políticas e/ou econômicas.

Deslocamentos culturais como atos políticos e identitários: breves ensaios sobre casos brasileiros busca ampliar, a partir dos conceitos de identidade e diferença, a compreensão sobre a relação existente entre a construção social das identidades e sua vinculação geográfica e regional. O objetivo é compreender como a apropriação e a reprodução social dos conceitos de identidade e diferença podem ajudar a construir uma identidade, seja no dia a dia, a partir de grupos identitários, seja na música popular, a partir do exemplo aplicado ao compositor e músico brasileiro Vitor Ramil.

Reflexões sobre a construção de mitos e crenças na pós-morte é uma quase resenha que parte da leitura de textos etnográficos e antropológicos dos autores Malinowski, Lévi-Strauss, Natan Wachtel e Wallace de Deus Barbosa para levantar discussões a respeito de mitos e pós-morte em quatro diferentes sociedades. Ao interpretar as análises de cada autor, é possível compreender aspectos fundacionais e organizacionais da vida social e coletiva nas sociedades pesquisadas. A intenção é comparar os mitos das sociedades primitivas com alguns mitos da sociedade moderna, de forma a compreender os sistemas culturais analisados. Trata-se de um texto inédito.

Por fim, *A música popular brasileira no século XX: um panorama a partir de José Ramos Tinhorão* é um texto em forma de resenha e apresenta alguns aspectos fundacionais da música popular brasileira no século XX, tomando como base as discussões levantadas por José Ramos Tinhorão no livro "A história social da música popular brasileira". Trata-se de um texto inédito.

O leitor perceberá que os textos selecionados são compostos por ensaios, artigos, reportagens, resenhas e críticas. Contudo, preferi nomear o livro como *Ensaios*, por acreditar que meu estilo de texto é mais ensaístico, mesmo quando não tenho essa intenção, e também porque a palavra *ensaio* remete a algo em processo de construção, como um músico que ensaia para uma apresentação ao vivo. Acredito que os textos aqui reunidos refletem - e de alguma forma encerram - um período da minha trajetória como pesquisador, pois além de haver uma certa unidade investigativa em torno de temas ligados ao campo da cultura, há também certa unidade temporal, uma vez que todos foram escritos no primeiro quinto do século XXI. Penso que a melhor forma desse conteúdo não se perder no tempo ou ficar restrito somente à circulação no meio acadêmico é apresentá-los em livro.

São Paulo, outono de 2020
ou
Quarentena de 2020

FICÇÃO E REALIDADE NA CIDADE OLÍMPICA: UMA ABORDAGEM SOBRE A CONSTRUÇÃO DA IMAGEM DO RIO DE JANEIRO 2016[1]

Que o Rio de Janeiro é uma farsa, não é novidade para ninguém. É, definitivamente, uma cidade que vive de aparências. Não só das aparências paisagísticas, mas também de toda sua *autenticidade* carioca, que é vendida como um dos melhores produtos da cidade. A colagem desses dois elementos revela uma fotografia demasiadamente comercial, tanto interna quanto externamente.

É sabido que a experiência que esse sujeito *autêntico* possui com a cidade está diretamente ligada à sua localização geográfica no espaço urbano, portanto, ao seu território, o que nos permite dizer que sujeito social e condição socioeconômica caminham juntos. Se por um lado as cidades são os geradores da diversidade por excelência, por outro ela é revelada diferentemente em cada classe social a partir da sua localização no território urbano. Marx não está tão

---

[1] Originalmente escrito em 2013. Uma versão reduzida do texto foi publicada na seção Justificando, da revista **Carta Capital**, em 2017.

ultrapassado. A luta de classes permanece, agora camuflada pelas amarras sociais contemporâneas no qual os referenciais simbólicos ganham destaque e passam a valer como instrumentos para separação das classes.

A educação e o capital cultural ganham valor de mercado: é especialmente a partir desses referenciais que as disputas sociais e econômicas passam a se dar. Pautado nessa premissa podemos perceber que as representações que criamos da cidade podem flutuar na medida em que esses referenciais são trabalhados sobretudo pela mídia e pelos grandes meios de comunicação.

O Rio de Janeiro vive agora um momento único na sua história: em um curto espaço de tempo sediará dois importantes eventos esportivos mundiais: Copa do Mundo (2014) e Olimpíadas (2016), além de outros grandes eventos. A imagem da cidade passa a ganhar destaque e preocupação singulares por parte das esferas públicas.

O presente artigo pretende investigar brevemente, a partir da apresentação de alguns casos recentes, como a imagem da cidade do Rio de Janeiro vem sendo trabalhada de forma a criar para os cidadãos, e especialmente para os turistas, a imagem de uma cidade que se reinventa e que passa por um momento de reformulação em todos os aspectos sociais e políticos.

O reflexo dessa preocupação e da incorporação da parte marginalizada da cidade dentro do grande projeto de revitalização talvez seja a instauração e, especialmente, todo o aparato de propaganda realizado a partir da implementação das UPPs – Unidades de Polícia Pacificadora. Trata-se de um projeto do governo do estado do Rio de Janeiro iniciado em 2008 que tem o objetivo de implementar polícias comunitárias nas favelas da cidade, como forma de poder assegurar o controle dos territórios que antes eram ocupados e controlados por poderes paralelos ao Estado.

O fato é que a instalação das UPPs não veio acompanhada de um projeto maior, que poderíamos preliminarmente chamar de planejamento sociocultural. A segurança e a paz nos territórios são importantes, não há dúvidas, mas somente isso não assegura a cidadania dos moradores do local.

A proibição de realização dos bailes funks nas localidades que receberam as UPPs é um reflexo dessa atitude. Proibe-se, portanto, uma das principais manifestações culturais contemporâneas das favelas cariocas. Alegou-se que o motivo da proibição foi o fato de que os bailes funks fazem apologia às drogas e ao crime, não só, em alguns casos, pela exibição pública de armas de fogo e o consumo explícito de drogas, mas também pelas letras de funk reproduzirem um tipo de discurso e comportamento contrários ao que pretende a Secretaria de Segurança do Estado. Ora, ao proibir a representatividade de expressão de uma parte significativa das favelas, o projeto das UPPs tocou em um ponto deliciado das discussões contemporâneas sobre participação cidadã. Uma das formas de se atuar na cidade é fazer-se representado nela, ou pelo menos no território em que se vive. Não por acaso, uma das plataformas da campanha política do MC Leonardo nas eleições municipais de 2012 foi a luta contra a discriminação do funk. MC Leonardo é músico oriundo de favela e se candidatou a vereador no Rio de Janeiro. É um dos fundadores da APAFunk – Associação dos Amigos e Profissionais do Funk, associação criada em 2008.

No site da APAFunk, encontramos a seguinte informação:

> 'A APAFunk não é modismo, é uma necessidade...'.
> A APAFunk foi fundada em 10 de dezembro de 2008,
> por profissionais e amigos do funk cansados de
> assistir à discriminação sem fazer nada. O intuito é
> defender os direitos dos funkeiros e lutar pela Cultura
> Funk, contra o preconceito e a criminalização. Para
> isso, a Associação promove debates na sociedade
> sobre a situação dos artistas do funk, bem como
> atividades de conscientização dos funkeiros sobre

> seus direitos. Rodas de funk, palestras e vídeos são alguns instrumentos utilizados pela associação para levar a mensagem da Associação para universidades, escolas, cadeias, favelas, praças, ruas e todas as instituições da sociedade que abram espaço para debater a nossa cultura.
>
> Em nossa pequena trajetória, já conquistamos a Lei Funk é Cultura (Lei 5543/2009), um marco definidor do início da mudança da relação do Estado com os funkeiros: ao invés de repressão, exigimos respeito, fomento e incentivo. No embalo dessa conquista, nasceram os primeiros editais do governo do estado voltados diretamente para a cultura funk, o primeiro programa com programação de funk carioca em uma rádio pública, além do maior baile funk da história: o Rio Parada Funk [...][2]

É importante perceber que a APAFunk nasce no mesmo ano de implementação das UPPs e que a missão institucional da associação está diretamente ligada à aproximação e diálogo com o Estado.

As UPPs, para além da questão da segurança pública que obviamente é pertinente, estavam, portanto, diretamente ligadas à reestruturação da imagem da cidade do Rio de

---

[2] Disponível em: http://www.apafunk.org/a_apafunk.html. Acesso em: 18 mai. 2013.

Janeiro como cidade olímpica. De 2008 para cá[3], o conluio que se forma claramente entre o Estado (governo estadual e município) com os grandes meios de comunicação é desavergonhado. As propagandas de TV, rádio e imprensa escrita foram corriqueiras ao vender uma cidade que, sabemos, nunca existiu. Pelo menos para a maior parte dos cariocas. Talvez para os especuladores e grandes empresários o Rio de Janeiro seja mesmo a cidade da vez para os investimentos. Por outro lado, para os moradores, desde que a cidade foi anunciada como sede da Olimpíada 2016, tudo se transformou.

A especulação imobiliária e o alto custo de todo e qualquer tipo de serviço fizeram os moradores migrarem dentro do próprio perímetro urbano para áreas com menor poder de especulação (mas nem por isso baratas). A atuação do governo associada aos grandes veículos de comunicação de massa e às grandes empresas estão criando uma cidade fictícia. A problematização ocorre quando a ficção começa a ser reproduzida de tal modo que cria-se a ilusão de que a cidade está tomando rumos melhores e entrando no novo período de reconfiguração.

---

[3] Lembre-se: o texto foi escrito em 2013.

Sabemos que a criação de uma cidade passa inevitavelmente pelas interpretações subjetivas que fazemos desse espaço e pela relação que temos, enquanto indivíduos, com o espaço urbano. Questiona-se aqui, portanto, a relação que a esfera pública fez com os grandes meios de comunicação no intuito de construir uma imagem que foi exaustivamente vendida e que, sabemos, era uma colagem. Parece-nos que especialmente para o olhar do turista, seja estrangeiro ou mesmo brasileiro, mas que em ambos os casos ocupa um lugar desprivilegiado inerente a essa posição, essa construção teve um poder demasiado forte.

Embora os moradores locais também estejam sujeitos a essas reproduções, tendemos a acreditar que uma parcela, talvez a minoria, esteja consciente dos verdadeiros rumos que a cidade está tomando: sendo transformada em uma cidade de fachada para ser vendida e consumida pelos turistas e pelos grandes empresários, da qual os moradores estão sendo paulatinamente excluídos pelas diversas especulações, inclusive subjetivas, a que vêm sendo expostos. Para preservar a imagem da cidade vale tudo.

***

Há pelo menos três casos ocorridos neste ano[4] que merecem destaque. A seguir faremos uma análise desses fatos a partir da repercussão na imprensa da cidade.

Na madrugada do dia 30 de março de 2013, um casal de jovens *gringos* (ela norte-americana e ele francês), após pegarem uma van em Copacabana com destino à Lapa, foram vítimas de um sequestro relâmpago seguido de roubo, agressão física e, a mulher, violentada sexualmente. O evento ganhou repercussão na mídia carioca e na mídia nacional e estrangeira, especialmente pelo fato de ter ocorrido estupro.

A reportagem do jornal O Globo do dia 06 de abril de 2013, diz o seguinte:

> A cor de pele já curtida do sol da Praia do Arpoador e o português fluindo fácil, apesar de estar há apenas sete meses no Rio, fez da jovem de 21 anos, uma bela estudante de Relações Internacionais, uma autêntica carioca. Na verdade, a morena é americana. O namorado dela é um francês de olhos azuis, de 22, que também aprendeu rápido o idioma. Para tirar as dúvidas em português, consultava um dicionário da língua daqui para o espanhol, que ele já domina. O destino dos dois se cruzou no Rio, durante um intercâmbio numa universidade carioca, no ano passado. Para o namoro foi um pulo. Cheios de sonhos, ambos pretendiam ficar até julho no

---

[4] 2013.

Brasil, quando ela terminaria o curso, mas a van do terror passou no caminho deles.[5]

O tom da reportagem, embora apresentando as informações, cria subliminarmente um clima tropical e idealizado da cidade do Rio de Janeiro, no qual o estrangeiro residente parece encontrar um paraíso para viver. É notório que essa ambientação, como apontado anteriormente, pertence a um determinado grupo privilegiado situado na zona sul da cidade, pois a realidade do "verdadeiro" Rio de Janeiro difere em muito da imagem apresentada.

Em reportagem do jornal O Globo do dia 02 de abril de 2013, uma leitora diz o seguinte:

> [...] infelizmente, foi preciso acontecer com o casal de turistas para que o caso tivesse tamanha repercussão; quantas outras barbaridades precisaremos nós (brasileiros) suportar até que apareça um turista para fazer com que seja feita a justiça devida.[6]

---

5 Disponível em: http://oglobo.globo.com/rio/do-amor-no-rio-ao-inferno-da-violencia-casal-vitima-na-van-8048203. Acesso em: 19 mai. 2013

6 Disponível em: http://oglobo.globo.com/rio/policia-tenta-identificar-menor-que-atuou-em-assalto-estupro-em-van-8006584. Acesso em: 19 mai. 2013.

O caso ganhou repercussão na mídia internacional, especialmente nos Estados Unidos, país de origem da vítima, o que, de alguma forma, pressionou as autoridades brasileiras a solucionarem o ocorrido de forma mais rápida e eficaz.

Em reportagem do dia 01 de abril de 2013, o jornal O Globo trazia reportagem com o seguinte título: *Estupro de turista dentro de van gera impacto negativo na imagem da cidade.* A reportagem diz o seguinte:

> A pouco mais de três meses de um dos maiores eventos religiosos do planeta, a Jornada Mundial da Juventude, que atrairá centenas de milhares de jovens cristãos para a cidade, a terrível viagem de um casal de turistas americanos a bordo de uma van, que começou na Praia de Copacabana e acabou numa delegacia, expõe a face mais cruel do Rio.

> [...] Além da violência em si, o impacto do crime na imagem do Rio — agências de notícias internacionais replicaram durante toda a segunda-feira os desdobramentos das investigações sobre o caso — é um revés no bom momento vivido pela cidade, impulsionado pelos resultados da atual política de segurança do estado. As reações foram imediatas.

> [...] Ninguém quer um assalto numa van em Bonsucesso ou no Complexo do Alemão, mas em Copacabana, cartão-postal famoso mundialmente?[7]

---

[7] Disponível em: http://oglobo.globo.com/rio/estupro-de-turista-dentro-de-van-gera-impacto-negativo-na-imagem-da-cidade-8002199. Acesso em: 19 mai. 2013.

Em reportagem do dia 09 de abril de 2013, o então governador do Rio de Janeiro, Sérgio Cabral[8], deu o seguinte depoimento:

> Nossa polícia agiu rápido, prendendo os responsáveis, demonstrando que aqui não há impunidade. Por outro lado, graças a Deus, esse não é um crime comum no Rio e no Brasil. Violência contra a mulher, infelizmente, ainda existe. O Rio está aparelhado com delegacias da mulher.[9]

Há, porém, uma contradição com os números apresentados em outra reportagem do próprio jornal:

> A escalada dos estupros no Rio também preocupa. De acordo com o Instituto de Segurança Pública, em 2012 foram contabilizados 6.029 casos, 23,7% a mais do que em 2011 (4.871).[10]

Na madrugada do dia 04 de abril de 2013, poucos dias depois do caso da van com os turistas estrangeiros, um jovem foi

---

[8] Desde 2016 Sérgio Cabral encontra-se preso, sendo acusado por diversos crimes de corrupção e lavagem de dinheiro. Suas penas somam mais de 280 anos de prisão.

[9] Disponível em: http://oglobo.globo.com/rio/frances-reconhece-mais-um-acusado-de-ter-estuprado-namorada-8068723. Acesso em: 19 mai. 2013.

[10] Disponível em: http://oglobo.globo.com/rio/estupro-de-turista-dentro-de-van-gera-impacto-negativo-na-imagem-da-cidade-8002199. Acesso em: 19 mai. 2013.

assassinado na Favela do Jacarezinho, zona norte do Rio de Janeiro. A favela contava com uma unidade Polícia Pacificadora desde janeiro de 2013. Naquele momento não existia comprovações de envolvimento direto de policiais da UPP no caso, embora essa possibilidade permanecesse aberta nas investigações. De todo modo, existem outros casos semelhantes em que se afirma que os assassinatos foram cometidos pelos próprios policiais da Unidade de Polícia Pacificadora. Alguns desses casos ainda tramitam na justiça do Estado.

O caso ocorrido em abril deste ano[11], no entanto, chamou a atenção pelo fato de ter sido abafado do debate público. As TVs praticamente não noticiaram o caso, e o jornal O Globo, o principal e maior jornal impresso da cidade do Rio de Janeiro, negligenciou completamente o fato. A repercussão do caso se deu basicamente pelas redes sociais e por algumas breves notícias em outros jornais de cunho popular, como o jornal Extra[12].

Passado aproximadamente 40 dias após o caso, ainda é difícil encontrar notícia sobre o andamento do processo, em parte,

---

[11] 2013.

[12]   *Cf.*   http://extra.globo.com/casos-de-policia/rapaz-morto-em-confronto-envolvendo-policiais-da-upp-do-jacarezinho-deixa-namorada-gravida-8034465.html. Acesso em: 19 mai. 2013.

sabemos, pelo fato de se tratar de uma notícia pouco vendável pelos meios de comunicação. Por outro lado, podemos perceber um negligenciamento da informação para a sociedade. Mais uma vez abafa-se o caso no intuito de preservar a imagem da cidade que deve ser vendida internacionalmente. Na página oficial da UPP não há informações a respeito desses casos. Chama a atenção, no entanto, perceber que o site oficial da UPP possui uma versão em inglês[13]. Existe, portanto, uma edição de conteúdo de modo a ser vendida internacionalmente. Os erros não devem aparecer.

Reconhece-se a atuação e a necessidade dessa estrutura dentro das favelas cariocas, mas apenas a ocupação e a militarização dos territórios deixaram importantes lacunas sem solução. Nesse sentido, a sociedade civil, as organizações não governamentais e os diversos atores interessados na discussão mobilizaram-se para preencher essa brecha. A APAFunk é, sem dúvida, uma das organizações que surge dessa mobilização.

---

[13] Disponível em: http://www.upprj.com/index.php/as_upps. Acesso em: 19 mai. 2013.

Já no dia 27 de abril de 2013, o jornal O Globo trouxe uma matéria com o seguinte título: *Orquestra no fosso*. Trata-se de uma matéria na qual o então prefeito da cidade do Rio de Janeiro, Eduardo Paes, diz publicamente que a prefeitura suspenderá o apoio de 8 milhões de reais à Fundação Orquestra Sinfônica Brasileira, organização que gerencia a Orquestra Sinfônica Brasileira – OSB. A reportagem diz o seguinte:

> Efeito Olimpíada. Ao suspender apoio à OSB, Paes alega necessidade de investir na preparação da cidade para os eventos esportivos que acontecerão até 2016. [...] A prefeitura do Rio acaba de suspender, por tempo indeterminado, a parceria que tinha há 20 anos com a fundação que administra o conjunto. Isso significa que a OSB perderá 20% de seu orçamento anual: R$ 8 milhões dos cerca de R$ 40 milhões de que dispõe anualmente. Ao explicar a medida, a prefeitura diz que ela faz parte de um contingenciamento que atinge diversas outras áreas.[14]

A repercussão da reportagem gerou o que alguns dias depois o próprio jornal O Globo estava chamando de crise. A começar pelo título da matéria, a reportagem trouxe consequências institucionais à OSB, visto que existiam outros grandes patrocinadores envolvidos. No dia 29 de abril de 2013, o jornal O Globo publica uma reportagem com o

---

[14] Jornal **O Globo** (edição impressa), de 27 abr. 2013.

título *Em nova crise, OSB pede que músicos mantenham o 'foco'*. Um dos trechos diz o seguinte:

> Até 2012, os patrocinadores da FOSB eram a prefeitura, o Ministério da Cultura, a Vale, o BNDES e a Carvalho Hosken. Ontem, o colunista do GLOBO Ancelmo Gois informou que o apoio da Vale corria risco de também ser suspenso — após a publicação da nota, a empresa negou a informação. Por meio de sua assessoria de imprensa, afirmou que o apoio de R$ 24 milhões firmado com a FOSB em 2011 segue de pé até o fim da temporada de 2013.[15]

O tom dado à reportagem inicial gerou uma instabilidade interna perante o corpo da orquestra (músicos e técnicos) e institucional (perante os patrocinadores), que não queriam ver sua marca associada a uma instituição que estava "no fosso". A reportagem, de alguma maneira, criou uma crise pública para a instituição, que até então não existia.

Em reportagem posterior, datada de 30 de abril de 2013, em uma tentativa de solução do problema, o prefeito Eduardo Paes sugeriu a união das duas maiores orquestras existentes na cidade do Rio de Janeiro, a OSB e a Petrobrás Sinfônica, sem antes, no entanto, fazer qualquer tipo de comunicação

---

[15] Disponível em: http://oglobo.globo.com/cultura/em-nova-crise-osb-pede-que-musicos-mantenham-foco-8244012. Acesso em: 19 mai. 2013.

oficial às instituições. Dessa forma, tanto a OSB quanto a Petrobrás Sinfônica ficaram sabendo da proposta diretamente pelos jornais. As duas orquestras emitiram notas informando que não teriam interesse na integração. O prefeito, no entanto, esqueceu de mencionar que existia ainda uma terceira orquestra na cidade do Rio de Janeiro, a Orquestra do Theatro Municipal. Destacamos abaixo alguns trechos da reportagem:

> O Rio tem duas orquestras sinfônicas: a OSB e a Petrobras. Uma tem como regente (Isaac) Karabtchevsky, meu querido amigo. Outra tem (Roberto) Minczuk, com quem tenho uma boa relação. Os músicos que tocam nelas são, em muitos casos, os mesmos. Uma (a OSB) custa R$ 40 milhões por ano. A outra, R$ 20 milhões. O que eu quero chamar a atenção aqui é que a cidade merece ter uma orquestra sinfônica, mas que a prefeitura não vai bancar vaidades — disse Paes. Tenho defendido que as orquestras se integrem e tenham orçamento volumoso para ter a projeção que o Rio realmente merece. Fazer coisa capenga nesse mundo da música erudita faz com que os R$ 40 milhões gastos (na OSB) pareçam pouco.

> [...] Avisou, no entanto, que 'o dinheiro público tem que ser investido em coisas que de fato deem projeção à cidade'.

> Eu chamaria de OSB-Petrobras ou de Petrobras-OSB. Não importa (a ordem) — palpitou Paes. Oito milhões de reais (valor repassado à FOSB em 2012) não é qualquer gorjeta. Somem-se a isso os R$ 25 milhões de manutenção anual da Cidade das Artes.

> São mais de R$ 30 milhões só para esse tipo de música. É bastante recurso! A prefeitura não se nega a ajudar, mas, às vezes, a gente precisa fazer certas rupturas para que as pessoas entendam que não estão cuidando de feudos, de guetos. Elas têm que atender ao interesse da cidade.[16]

No dia 01 de maio de 2013, Luiz Paulo Horta, também no jornal O Globo, escreveu um artigo no qual criticou a postura do prefeito diante da possibilidade de retirar o apoio à OSB.

> Chamado a explicar a decisão da Prefeitura de não dar mais apoio à Orquestra Sinfônica Brasileira, o prefeito Eduardo Paes, como se diz na gíria, 'surtou'. Seus comentários fariam sentido numa conversa de beira de piscina. Como declarações de um prefeito, e de uma cidade como o Rio de Janeiro, são de uma deselegância total, e de uma absoluta impropriedade. O que é mais triste: tudo isso por causa de 8 milhões, que é o que a Prefeitura dava à OSB, e que correspondem a 20% do orçamento total da orquestra. O equivalente a um show de rock, desses que a Prefeitura volta e meia patrocina.
>
> Diz o prefeito: 'Dinheiro público tem de ser investido em coisas que dão projeção à cidade. A OSB, infelizmente, podia dar mais projeção à cidade'. Isto, para o prefeito, seria conseguido se a OSB de fundisse

---

[16] Disponível em: http://oglobo.globo.com/cultura/prefeito-critica-gestao-de-osb-defende-unificacao-de-orquestras-cariocas-8253579. Acesso em: 19 mai. 2013.

com a Petrobras Sinfônica — a outra grande orquestra do Rio de Janeiro.[17]

No dia 02 de maio de 2013, após uma reunião com os representantes da OSB, o prefeito Eduardo Paes voltou atrás e decidiu manter o apoio à orquestra. Em contrapartida, o secretário municipal de cultura teria um assento no conselho da Fundação. A reportagem do jornal O Globo nesse mesmo dia trouxe o seguinte:

> O valor, que representa 20% do orçamento da FOSB e que tinha sido suspenso em março — conforme revelou O Globo —, fica agora garantido até 2016, quando chega ao fim o mandato de Paes. No encontro de ontem, que durou cerca de uma hora e meia, o prefeito pediu, no entanto, que a OSB se esforce para superar a Orquestra Sinfônica do Estado de São Paulo (OSESP) em qualidade. Ele quer que o Rio tenha 'a melhor orquestra do país'.[18]

Finalizada a crise, a Orquestra Sinfônica Brasileira pôde continuar com a programação planejada e os compromissos assumidos. Cabe destacar que um corte dessa proporção, em uma instituição sem fins lucrativos e com finalidade cultural,

---

[17] Disponível em: http://oglobo.globo.com/cultura/artigo-quando-um-prefeito-sai-da-sua-orbita-8258845. Acesso em: 19 mai. 2013.·
[18] Disponível em: http://oglobo.globo.com/cultura/eduardo-paes-volta-atras-decide-manter-apoio-osb-8270418. Acesso em: 19 mai. 2013.

deveria ser minimamente planejada de modo a dar tempo para a instituição se reorganizar sem essa parcela dos recursos. A decisão do prefeito, a partir da Secretaria Municipal de Cultura do Rio de Janeiro, foi imparcial e colocou a Fundação em uma situação pública delicada, visto que toda a negociação foi coberta pela imprensa da cidade.

Fica a seguinte dúvida: se existiam tantas oportunidades na cidade e uma grande circulação de dinheiro de investidores, por que não aproveitar o momento para investir ainda mais no maior conjunto sinfônico da cidade? Ou mesmo estruturar uma nova orquestra?

***

As situações expostas, embora pertencentes a áreas e realidades distintas, revelam algo em comum: a preocupação que o Estado (governo e município) em manter limpa a imagem da cidade do Rio de Janeiro, especialmente para o cenário internacional.

Nos três casos abordados é visível a preocupação e o trabalho das autoridades na tentativa de se criar uma imagem que não corresponde à realidade. Investe-se atualmente na cidade do Rio de Janeiro somente em ações que podem projetar a cidade de forma comercial. O custo que estamos pagando por isso é caríssimo, pois nunca houve um planejamento de longo prazo com a cidade e especialmente com os moradores que, passadas as festividades, aqui continuarão vivendo.

No imediatismo dos grandes eventos, tanto as autoridades como os meios de comunicação da cidade trabalham em conjunto na construção de uma imagem fictícia: os fins justificam os meios. O caso da OSB mostra que mesmo a instituição sinfônica mais antiga do país pode sofrer cortes de investimento se não der visibilidade à cidade. E mesmo com a decisão de se manter o apoio até 2016, a prefeitura solicitou aos diretores da OSB, que a orquestra fosse transformada na maior e principal orquestra do país (posto ocupado pela OSESP – Orquestra Sinfônica do Estado de São Paulo).

O Rio de Janeiro, historicamente, tem uma vocação para vender sua imagem a partir de seus cartões postais. A pergunta é: quem usufrui de toda essa beleza vendida e exportada? Os cariocas? Em sua maioria, certamente não.

Zuenir Ventura, no livro *Cidade partida*[19], retrata muito bem essa realidade. No entanto, as medidas adotadas pelas políticas públicas em função dos grandes eventos contribuíram ainda mais na estruturação desse estigma ao reforçar a divisão das barreiras geográficas e simbólicas para os moradores da cidade. Criou-se um espaço privilegiado, no qual apenas os mais abastados e os turistas têm possibilidade de uma vivência e circulação dignas.

A cidade está sendo entregue às empresas. Se há dinheiro, há sempre algum espaço da cidade que pode ser negociado. A parceria público-privada no Rio de Janeiro ganha dimensões para além das possibilidades de controle do Estado e muito além dos interesses reais de longo prazo da cidade. As relações econômicas e imediatistas passam a ser os balizadores dessas parcerias.

No caso das localidades com UPP, além da militarização (necessária ao espaço), também há uma ocupação dos territórios por parte de empresas que veem ali possibilidade de lucro, afinal, é uma camada (ascendente) da população

---

[19] VENTURA, Zuenir. **Cidade partida**. São Paulo: Companhia das Letras, 1994.

que, em sua maioria, era excluída do consumo formal. Bancos, lojas varejistas de móveis e eletroeletrônicos, são algumas das modalidades que apostam nessa ocupação. Dessa forma, a especulação imobiliária e financeira não ficou restrita ao asfalto, ela agora chega à favela, que passa a ser vendida formalmente como ponto turístico da cidade e como uma realidade que ainda se mantém preservada e autêntica em meio às grandes transformações que assolaram o espaço urbano das grandes capitais. A política adotada atualmente objetiva justamente inserir o Rio de Janeiro no rol das grandes cidades mundiais. Em termos práticos isso acarreta diversas consequências. E alguém deve pagar essa conta.

Por fim, é importante esclarecer que todas as fontes usadas na argumentação do artigo foram buscadas propositalmente nos principais veículos de comunicação atuantes no Rio de Janeiro. Isso, em alguma medida, demonstra a articulação unidirecional que existe entre as esferas pública e privada, de modo a recriar e vender a cidade do Rio de Janeiro como um modelo e como um local propício aos grandes investimentos financeiros, não obstante as partes periféricas da cidade continuem assoladas em situações extremas. Na colagem da imagem vendida, essas zonas excluídas sequer aparecem, e, quando aparecem, geralmente como pano de fundo dos cartões postais, são travestidas da *autenticidade* dos morros cariocas. O capital tudo transforma: a pobreza vira um produto autêntico a ser explorado, inclusive pela esfera pública.

Aguardemos as próximas notícias!

O TANKA BRASILEIRO DE RAIMUNDO GADELHA[20]

> Se tiver tempo,
> viajarei mais uma vez,
> pois é preciso
> recolher meus pedaços
> espalhados pelo mundo.
>
> Raimundo Gadelha (1992, s/p)

Introdução

É notório que a poesia, ao longo dos tempos, serviu como reflexo das transformações por que passava a sociedade. A poesia nos serve como uma imagem, traduzida em palavras, de determinado período, e muitas vezes pode expressar o que o mundo vivencia de mudança. É, como aponta Lucrécia Ferrara (1999), uma representação, um signo que mediatiza

---

[20] Originalmente escrito em 2007. Uma versão reduzida foi publicada em inglês na **Immediacy** - An Online Media Journal (The New School - New York), em 2018. A presente versão foi apresentada no **IV Simpósio Internacional e V Simpósio Nacional de Geografia, Literatura, Arte e Turismo – Sigeoliterart**, realizado na Universidade Federal do Estado do Rio de Janeiro, em 2019.

valores e visões de mundo. Portanto, nos serve como um anteparo para interpretação de determinado período.

Mais uma vez, a poesia se destaca por refletir as relações culturais e humanas do chamado período pós-moderno. Não obstante, ela agora não só mostra a realidade do mundo atual, mas, como tem acontecido em muitas linguagens artísticas, também pode se tornar um produto resultante do próprio meio.

O poeta contemporâneo vive sob uma condição de produção e trabalho até então inexistente. Em nenhum momento da História as mudanças ocorreram tão rápido e com tanta desenvoltura. As cidades, as relações, os modos de vida, tudo está se transformando rapidamente. Como fruto das relações humanas com o meio, a poesia ganha destaque singular justamente por ainda se manter como forte meio de expressão no emaranhado das novas linguagens que estão surgindo. Mesmo com a forte aproximação entre arte e tecnologia, por exemplo, muito presente nos trabalhos artísticos contemporâneos, a poesia, que historicamente nunca foi consumida em grande escala, persiste e se renova a partir da mistura de culturas que assola o século XXI.

A poesia de Raimundo Gadelha, com imagens e temas urbanos, funciona como uma colagem, sobrepondo línguas, tempos e espaços: português e japonês, São Paulo e uma vila do Japão, Ocidente e Oriente. Estudando como bolsista de Comunicação durante três anos na década de 80 no Japão, Gadelha, nascido no nordeste brasileiro, no Estado da Paraíba, confronta-se com a megalópole e todo o seu aparato cosmopolita e cultural. O fascínio exercido por Tóquio e o encontro com a literatura japonesa faz o escritor se encantar por esse "Novo Mundo" e querer, como disse Masuo Yamaki - seu tradutor do português para o japonês - "descobrir e descobrir-se no misterioso terreno da poesia oriental" (YAMAKI, 1992, s/p).

Gadelha é fortemente influenciado pela poesia clássica japonesa, a ponto de ter lançado dois livros bilíngues português-japonês, ambos co-editados pela Aliança Cultural Brasil-Japão, órgão que tem o intuito de aproximar a cultura dos dois países. São eles: *Um estreito chamado horizonte* (1992), objeto de análise do presente estudo, e *Em algum lugar dentro de você mesmo* (1994).

O primeiro, escrito sobre a estrutura do Tanka, tradicional forma de poesia japonesa, é um trabalho inédito dentro produção literária brasileira justamente por se tratar de um brasileiro escrevendo Tanka em português e mantendo todas as suas características originais, pois até então tínhamos somente alguns livros traduzidos – e, diferentemente do Hai-Kai (ou Haiku), não ganhou tantos adeptos nem se tornou tão popular. É importante ressaltar que mesmo se mantendo dentro do padrão vigente no Japão, Gadelha consegue incorporar, algumas vezes de forma subjetiva, elementos ditos nacionais e principalmente elementos que permitem a identificação da sua poesia como fruto do entrelaçamento cultural. O segundo livro é escrito em versos livres, porém transparece a mesma temática que parece nortear grande parte de sua obra: a mistura de culturas distintas.

Assim como em quase todos os seus livros já publicados, entre poesia, romance e fotografia, em *Um estreito chamado horizonte* o poeta escreve de forma coloquial, mas nem por isso superficial:

> Posso entender
> o silêncio do pós-guerra
> dos japoneses...
> Os mortos são guerreiros
> que merecem descanso.
>
> (GADELHA, 1992, s/p)

Livro de Tanka e fotografia que nasceu após diversas viagens de Gadelha pelo mundo, *Um estreito chamado horizonte* revela um poeta que traduz o cotidiano do mundo moderno com profundo sentimento. Sua obra traduz muito do período de mudanças pós segunda guerra mundial no qual os genocídios (e suas consequências) tornaram-se parte dos noticiários diários.

Outras vezes esse mesmo cotidiano vem carregado com certo inconformismo:

> No céu do Japão
> tremula a bandeira
> da América
> E feroz, o capital
> muda tudo em volta.
>
> (GADELHA, 1992, s/p)

Aqui, diante dos problemas da pós-modernidade, como a homogeneização das grandes cidades, por exemplo. O símbolo da tradição japonesa versus a avalanche da modernização norte-americana. O mesmo capital que em meados dos anos 40 destruiu o país, agora destrói uma cultura milenar e ergue uma nova estrutura baseada nos mercados globais.

Em outro momento, mas ainda dentro da realidade contemporânea, os olhos se voltam para o interior e para o que está a sua volta:

> Noites, bares
> Tantas, tantas pessoas...
> E em cada uma
> um pouco do que já fui,
> muito do que quero ser.
>
> (GADELHA, 1992, s/p)

Em meio à grande população e ao mesmo tempo à solidão das grandes metrópoles, é necessário um refúgio que muitas vezes se dá na fuga da realidade. Toda a obra reflete uma busca pelo interior e essa busca muitas vezes é reflexo da fragmentação do mundo moderno:

> Sinal vermelho
> Paro, espero, penso:
> tudo que faço
> depende tão, tão pouco
> do meu próprio querer
>
> (GADELHA, 1992, s/p)

A velocidade do dia-a-dia destrói o Homem, o transformando em parte de uma engrenagem. A correria das grandes cidades não permite reflexão. Quando surge um pequeno intervalo de tempo, a constatação, ainda em meio à correria, do pouco poder de decisão que esse tempo nos permite.

Aqui, o poeta aparece como observador:

> Durante horas
> o bêbado conversou
> com o manequim
> e em nenhum momento
> faltou entendimento
>
> (GADELHA, 1992, s/p)

O comentário que Paes Loureiro (2004, p. 108) faz sobre o livro *Vida útil do tempo*, bem que poderia ser estendido para toda a obra de Gadelha: "o autor privilegia os signos da brevidade e da cotidianidade. É o ser posto diante do espelho de cada dia, das horas simples, da doçura de uma fidelidade prazerosa às circunstâncias remotas ou recentes de sua vida", como um voyer do cotidiano. Como se fosse necessário a embriaguez, uma fuga da realidade, para que o tempo, escasso como se tornou, permitisse uma longa conversa.

A solidão das megalópoles também é outro assunto muito marcante em sua obra:

> Num só prédio
> trinta mil pessoas...
> Fico a pensar
> em quantas não estarão

tão sozinhas quanto eu.

(GADELHA, 1992, s/p)

Talvez por ser oriundo do nordeste, região onde ainda persiste, mesmo nas capitais, maior proximidade entre as pessoas, diferentemente do que acontece em locais onde a arquitetura que prevalece é a dos grandes edifícios: a forma de viver das cidades que, com a superpopulação, antagonicamente, causa um vazio, um maior distanciamento entre as pessoas. Nesse cenário de caos e correria, onde não é permitido tempo para pensar, o poeta, por sua vez, medita acerca da solidão nos grandes centros urbanos.

> Óculos ray-ban
> Blue-jeans esfarrapados
> Ternos, gravatas...
> Sob cada fantasia
> habita a solidão.

(GADELHA, 1992, s/p)

Ou ainda neste outro poema que trata do mesmo tema e que pode, também, ser entendido como um reflexo dos modismos tão passageiros que fazem parte do pós-modernismo, além de ressaltar, mais uma vez, a homogeneização, agora da moda nos mercados de massa. Os modismos norte-americanos como o jeans e os óculos Ray Ban que se espalharam por todo o mundo como uma epidemia, ao lado do conservadorismo dos ternos e gravatas: a tradição versus a massificação caminhando lado a lado, e ambos como parte da sociedade do espetáculo, onde, por trás dos estereótipos e aparências, o que se esconde é a solidão de um ser que (ainda) é humano.

Normalmente as temáticas usadas por Gadelha fazem o leitor refletir sobre sua posição e as transformações humanas e comportamentais que estão acontecendo ao seu redor no mundo contemporâneo:

> Cidade grande...
> Olhando as pessoas
> e as vitrinas
> senti que os manequins
> parecem bem mais reais.
>
> (GADELHA, 1992, s/p)

Como ressalta Renata Pallottini (1998, p. 13), o poeta é "atraído pelas solicitações urbanas, pelas provocações que a cidade lhe faz, [...] aceitando as regras do jogo que o nosso tempo nos propõe". Em momento algum, portanto, a realidade que o cerca é negada. Gadelha se coloca como um observador da automatizada cidade, onde as vitrinas, muitas vezes, exercem mais atração sobre as pessoas do que o transeunte que caminha ao seu lado. É necessário um melhor uso do tempo para que se possa observar e sentir o que acontece no mundo.

Num pequeno ensaio no livro *Vida útil do tempo*, Nelly Novaes Coelho (2004, p. 7-11) aponta Gadelha como um neo-humanista de raízes existencialistas. Acrescenta ainda que sua poesia é um "sem-limite do interrogar" e que revela um novo homem ainda em gestação, que está à procura de si mesmo e de seu lugar no mundo. "É no encalço das possíveis respostas a essas dúvidas que se sucedem as viagens, as buscas...". É interessante notar que já em fins do século XVII, Matsuo Bashô (1644-1694), um dos mais importantes poetas japoneses, considerado o pai do Hai-Kai, também saía em inúmeras viagens por seu país, como que a buscar respostas a algumas de suas indagações. Dessas viagens resultaram alguns diários, entre os quais o famoso *Sendas de Ôku* (1986). Nas viagens Bashô registrou, muitas vezes, fragmentos de imagem, como que fotografando determinados momentos e paisagens por onde passou, o que nos permite uma associação da viagem ao percurso da vida, no qual a peregrinação relatada pelo poeta mostra uma escolha ante um conjunto de possibilidades existentes.

Da mesma forma podemos fazer uma associação com a obra de Gadelha, pois as buscas e questões do mundo contemporâneo estão sempre presentes em seus trabalhos, e essa ideia transparece nos títulos de alguns livros: *Em algum lugar dentro de você mesmo* (1994) e *Em algum lugar do horizonte* (2000). Tanto no interior (humano) como no exterior, a busca por um lugar físico-espiritual torna-se necessária para a localização e reconhecimento de si mesmo e do mundo à sua volta. Os títulos refletem a própria ideia da noção de espaço que começa a perder força em meados do século XX. O "horizonte" também aparece no título de *Um estreito chamado horizonte*. É necessário ter em vista um limite, limite este onde se encontram o céu e a terra, e que também serve de orientação para situar-se frente à imensidão sem fronteiras do mundo moderno. Um mundo onde cada vez mais a visibilidade é ofuscada, seja subjetivamente ou mesmo pelos grandes edifícios. É notório, ainda, pensar que para se ter a contemplação é necessário tempo. O tempo torna-se algo quase que palpável, a ponto de o poeta pensar em sua melhor utilização, como uma ferramenta extremamente necessária e dificilmente administrável: o velho dilema dos atuais dias, "tempo é dinheiro"?. Gadelha parece estar de acordo com o compositor Belchior (1996, s/p): "quanto mais eu multiplico / diminui o meu amor". Com a diferença de que o primeiro aceita essa condição.

O Tanka gadelheano revela-se, portanto, como um produto resultante da contemporaneidade justamente por conter uma gama de possibilidades interpretativas que nos leva a refletir sobre o atual processo pelo qual a sociedade está passando. Sua poesia passa a servir como um espelho crítico para reconhecimento das transformações contemporâneas e mais especificamente das transformações artísticas brasileiras, pois a partir das facilidades de deslocamento e de troca cultural toda a produção se altera significativamente, e com isso a percepção mundana do artista também é modificada.

Nesse momento onde as barreiras geográficas estão em queda e a mistura de culturas gera novas formas de (re)interpretação dos produtos socioculturais, é que surge o Tanka de Raimundo Gadelha. Muitas vezes não se pode dizer de onde vêm as influências da qual resultaram tal produto, mesmo porque em sua itinerância Gadelha esteve por toda a Ásia, Américas e Europa, ou seja, uma gama de influências e misturas transpassa seu trabalho.

O Tanka

Assim como o Hai-Kai, o Tanka também é uma das formas de poesia mais difundidas no Japão. Ambas têm a característica de síntese: a primeira contando com trinta e uma sílabas e a segunda com dezessete. A importância é tamanha que alguns jornais japoneses reservam uma coluna diária para os estilos. Porém, o Tanka não ganhou destaque no cenário internacional, ficou restrito apenas a pequenos círculos de estudiosos e pesquisadores. E mesmo no Brasil, um país com grande número de imigrantes japoneses, a ponto de São Paulo possuir um bairro "japonês", o reconhecimento não foi diferente: muito pouco se fala do estilo.

Tanka significa, literalmente, "poema curto" (tan - curto, breve; e ka - poema ou música). Sua origem está no Waka, termo genérico para designar a poesia aristocrática. O Tanka, apesar de menos popular que o Hai-Kai (que se constitui como forma autônoma no princípio do século XIX), nasce muito antes desse: no final do século VIII, tornando-se uma das primeiras estruturas poéticas surgidas no Japão, "o poema clássico japonês", nas palavras de Octavio Paz (1986b, p. 10). Inicialmente tratava exclusivamente do amor, apenas mais tarde é que o gênero passa a englobar todas as temáticas. Talvez não seja coincidência que, historicamente, os Tankas mais populares que falam de amor foram escritos por poetisas japonesas, como Ono No Komachi (834[?]-?) e Izumi Shikibu (974-1034).

A mais antiga coletânea dessa modalidade de poesia foi compilada no século VIII (743-759). Trata-se da *Man'Yoo Shuu*, coletânea composta de 20 volumes, 4.516 poemas, escritos por mais de 400 praticantes, do imperador ao simples camponês. A família imperial realiza ainda hoje, no início do ano, uma reunião cerimoniosa em que o imperador, a imperatriz, os príncipes e as princesas apresentam seus Tankas. Chama-se "Shin-nen-uta gyotai" ou "uta gyokai - hajime". O povo participa enviando seus Tankas feitos a partir do tema previamente anunciado pelo imperador. Para ilustrar a importância do Tanka na história do Japão, lembremos que o Hino Nacional, o "Kimigayo", é um poema Tanka: "Kimiga yo wa (5) / chiyoni tachiyoni (7) / sazareishino (5) / iwa o to narite (7) / koke no musumade (7)". A versão em português disponibilizada pelo Consulado Geral do Japão no Brasil é a seguinte: "Que sejam vossos dez mil anos de reinado feliz / governai, meu senhor, até que os que agora são seixos / transformem-se, unidos, pelas idades, em rochedos poderosos / cujos lanços veneráveis o musgo cobre" (*cf.* ARAÚJO, 2007, p. 27).

Estrutura

A estrutura do Tanka é muito parecida com a do Hai-Kai, a diferença é que o primeiro contém 5 versos somando 31 sílabas, conforme esquema apresentado abaixo:

Tanka:
5-7-5-7-7

Hai-Kai:
5
7
5

A única "diferença" entre o Tanka Oriental e o Ocidental, estruturalmente falando, é sua disposição, já que no Brasil o poema ganha a seguinte forma:

5
7
5
7
7

Ritmo

Octavio Paz (1986a, p. 30), em um ensaio sobre a poesia de Matsuo Bashô, diz que a "poesia japonesa não conhece a rima nem a versificação acentual e seu recurso principal, como na poesia francesa, é a medida silábica. [...] Todo poema japonês está composto por versos de sete e cinco sílabas". Acrescenta ainda que no Japão o Tanka é dividido em duas estrofes: a primeira de três e a segunda de dois versos. O resultado disso é que a estrutura do poema permitiu, desde o princípio, que dois poetas participassem na criação do poema. À série desses poemas em conjunto deu-se o nome de Renga.

Porém, isso não acontece no Ocidente. Uma análise pode ser feita no já citado Hino Nacional do Japão. A tradução, se levado em conta a estrutura do Tanka adotada no Ocidente, isto é, com a sonoridade silábica ocidental, não pode ser considerada esse tipo de poema. Portanto, nas poucas traduções que estão disponíveis em português, o ritmo e a própria sonoridade da língua materna possivelmente sofreram significativas alterações. Em outras palavras: tem-se outro poema.

O próprio tradutor de Gadelha, Masuo Yamaki, em nota no livro *Um estreito chamado horizonte*, assinala a dificuldade encontrada nesse tipo de tradução:

> Quando fui consultado da viabilidade da tradução para o japonês (com a exigência de manter a estrutura de trinta e uma sílabas), francamente hesitei. Afinal, era a primeira vez que eu lia tankas originariamente escritos em português e reescrevê-los em japonês, sinceramente, não era tarefa das mais fáceis (YAMAKI, 1992, s/p).

Apesar da distância entre a língua portuguesa e a japonesa, Yamaki aceitou o desafio e o resultado foi um livro de sucesso também no Japão, o que na época rendeu a Gadelha uma entrevista de três páginas na revista *Playboy* japonesa, que naquele momento tinha uma tiragem gigantesca.

Richard MacDonald (1995), referindo-se ao Tanka escrito na Inglaterra, diz que há outros ritmos populares - diferentemente do que acontece no Japão. Essa mesma análise também pode ser aplicada aos ritmos brasileiros.

> Em lugar nenhum
> encontrei perfume
> igual ao dela
> Agora temo perder
> até mesmo seu cheiro.
>
> (GADELHA, 1992, s/p)

No poema acima, por exemplo, Gadelha segue o ritmo dominante no Japão, isto é, o poema é dividido em duas estrofes, uma de três e outra de dois versos.

> Não posso contar
> os grãos de areia
> Mas sinto nas mãos
> importantes fragmentos
> do todo Universo
>
> (GADELHA, 1992, s/p)

Neste outro poema já não persiste o mesmo ritmo. O poema continua com duas estrofes, porém, a primeira tem dois e a segunda três versos.

> Coisa simples
> Um papel, uma caneta
> e inspiração...
> Crio um mundo onde
> nem preciso escrever.
>
> (GADELHA, 1992, s/p)

Aqui a alteração é ainda maior: surgem três estrofes. A primeira de um verso, a segunda e a terceira com dois versos cada. Vale ainda ressaltar a grande semelhança desse Tanka com o Hai-Kai, pois ambos apresentam já no primeiro verso, ainda que nesse caso seja muito vago, uma paisagem - como se o leitor fosse preparado para o que virá a seguir, porém sem saber a conclusão.

> Vive-se mesmo
> no ato de se expor
> O contrário
> é não marcar o tempo,
> Só dele as marcas ter.

(GADELHA, 1992, s/p)

Nesse outro poema persistem as três estrofes, a primeira e a segunda com dois versos e a terceira com um. É justamente o contrário do anterior, pois aqui o último verso é a conclusão do que foi apontado antes, nos dois primeiros versos.

Os poemas de Gadelha ilustram o quão diversificado se tornou o Tanka brasileiro. Com exceção do primeiro poema, os demais já não seguem o modelo japonês. O segundo poema, apesar de manter as duas estrofes, sofre uma pequena alteração na disposição dos versos. Já o terceiro e o quarto afastam-se completamente da estruturação japonesa das estrofes, ganha-se uma a mais, e com isso os versos sofrem significativa alteração: perde-se a estrutura clássica do Tanka.

Vê-se que ao manipular o estilo, ainda que persistindo dentro da estrutura inicial de 31 sílabas, o modelo é readaptado, ou seja, ao trazer o Tanka para outra realidade linguística e interpretativa, a organização estrutural das estrofes é alterada. É certo que mantém-se a métrica (brasileira), porém, a própria sonoridade silábica da língua faz com que as 5 ou 7 sílabas ganhem outra extensão sonora, e até mesmo escrita. O poeta brinca com a possibilidade de (re)inventar o poema, além de estar livre para utilizar-se da rima – embora essa não seja uma característica significava de *Um estreito chamado horizonte*.

O resultado dessa nacionalização é o que Canclini (2000) chama de hibridação cultural: os produtos e as influências culturais se mesclam de tal forma que acabam por gerar outro produto, no qual a identificação das partes no todo torna-se impossível, pois tem-se algo novo, com aspectos e características diferentes das quais foi originado. A consequência é que os sistemas de uma cultura são mudados, como um efeito dominó: as identidades, a língua, as relações entre igualdades e desigualdades culturais etc.

Japão-Brasil-Japão: relações históricas entre os dois países

É importante ressaltar que os assuntos discutidos no presente trabalho não são mera coincidência ou acaso, já que estão intimamente ligados com a história da imigração entre Brasil e Japão. Desde o início do século XX, quando tiveram início, as relações entre os dois países tornaram-se constantes. Num primeiro momento os japoneses vieram para o Brasil atrás de melhores condições de vida. Décadas depois, nos anos 1980, a situação começa a se inverter: os descendentes dos japoneses (nascidos em terras brasileiras) começam a se interessar em retornar à terra natal de seus pais. Os motivos são os mais variados possíveis: desde busca por melhores condições financeiras até puramente a experiência de viver num outro país ou conhecer a cultura milenar dos seus ancestrais.

Portanto, é interessante notar que a obra de Gadelha não é somente uma resultante dos processos de hibridação e interculturalidade. Historicamente, a relação entre Brasil e Japão tem mais de 110 anos (completados em 2018). Não é surpresa, então, esperar que dessa aproximação surjam produtos culturais que tenham características nipo-brasileiras - embora muitas vezes essas características, quando existem e/ou podem ser percebidas, não dizem muito sobre a relação histórica Brasil-Japão.

Cabe questionar aqui o que existe de tão semelhante ou mesmo de tão antagônico que fazem esses dois países se aproximarem, visto que culturalmente e geograficamente tinham tudo para não ter essa forte aproximação sociocultural. Sobre esse tema, Oliveira diz o seguinte:

> a grande diferença cultural entre as duas sociedades em contato, principalmente no tangente à língua, o espírito extremamente nacionalista com que chegaram os imigrantes japoneses ao Brasil, fruto da Era Meiji pela qual passava o Japão, o forte desejo dos imigrantes de regressarem ao Japão, fazendo do Brasil apenas um território de passagem, entre outros. Tais aspectos acabaram por ocasionar reflexos bastante importantes e significativos entre os seus descendentes. Estes acontecimentos fizeram com que a colônia japonesa no Brasil fosse portadora de algumas especificidades de identidade que seus descendentes carregam até os dias de hoje (OLIVEIRA, 1994, p. 800).

Ou seja, essa inversão imigratória que acontece nos dias de hoje, na qual os brasileiros, filhos de japoneses, estão realizando o que seus antecedentes desejavam, também não é apenas fruto do avançado processo de globalização. Isso nos informa, portanto, que embora o mundo contemporâneo e os conceitos de nacionalidade e identidade cultural estejam em constantes processos de transformação, a cultura ainda é uma das bases do indivíduo quando este tem que tomar determinadas decisões e escolhas, sejam individuais ou mesmo em grupo.

A relação Brasil-Japão vai muito além do que podemos perceber numa primeira instância. A conjuntura atual favorece ambos os países no que diz respeito à divulgação e à assimilação de outra cultura. A relação que inicialmente se deu por motivos sociais e econômicos acabou se ampliando para as demais esferas de troca e saber; é justamente nesse ponto que a cultura e suas manifestações têm forte papel nas relações que se formaram (e que continuam se formando e desenvolvendo) entre esses dois países que tinham tudo para não ter qualquer tipo de relação cultural. A ponte Brasil-Japão é, portanto, uma das principais responsáveis pela atual diversidade cultural brasileira.

Considerações finais

Com mais de 110 anos de relação entre Brasil e Japão não é de se espantar que tenham se desenvolvido inúmeras relações socioculturais entre o "país do sol nascente" e o "país tropical" – a alcunha dos dois países, poeticamente, mais uma vez induz à união.

A visão de mundo de um brasileiro, traduzida na linguagem do Tanka, passa a representar um universo essencialmente contemporâneo, no qual, através de uma estrutura poética originariamente japonesa, foi possível fazer uma viagem proporcionada pela cultura, apontando características intrínsecas do nosso tempo. A obra de Gadelha, portanto, se torna o tronco principal pelo qual é possível começar a enxergar o universo cultural nipo-brasileiro, e a partir desse tronco surgem ramificações em todas as vertentes de produção artística. O Tanka foi como o ponto de partida e chegada dessa viagem cultural. Partida, porque foi a partir dele que esse universo se abriu, e chegada porque ao concluir uma viagem, é no retorno ao lar, com uma bagagem bem maior, que as coisas começam a fazer sentido e as peças do quebra-cabeça se encaixam.

No entanto, cabe-nos perceber as grandes diferenças culturais entre os dois países, e esse é um dos dados mais instigantes da pesquisa, justamente por ser um dos pontos que mais fazem a relação Brasil-Japão prosperar. O reconhecer-se no outro, no diferente, talvez traga algum conforto ou algum tipo de auto-conhecimento, posto que, culturalmente, brasileiros e japoneses parecem ter comportamentos diferentes. A postura, a rigidez e a tradição, que parecem ser atribuídos aos japoneses, exercem, de alguma forma, a atração sobre os brasileiros, que têm um comportamento antagônico ao descrito anteriormente, ou seja, são vistos como mais descontraídos, menos rígidos, não se apegando tanto à tradição. E essas características brasileiras também podem exercer algum tipo de atração sobre os japoneses; um exemplo disso é o próprio Carnaval brasileiro realizado em Tóquio. Por outro lado, a idéia de preservação cultural no Japão está tão presente que na década de 70 o renomado escritor Yukio Mishima se suicidou após ler um protesto a favor de uma mobilização pelas tradições japonesas. Mishima não aceitava a invasão e a homogeneização da cultura nipônica pela cultura norte-americana, conforme acontece hoje, de forma geral, em todo o mundo.

Diante dessa problemática, parece que existe a necessidade de se repensar a identidade nos dias atuais. Afinal, a identidade deve ser delineada, a ponto de definir um indivíduo? Ou, assim como as relações culturais, ela está se tornando híbrida? Talvez fosse melhor se pensar numa identidade móvel, uma vez que a mobilidade é uma mola propulsora do emaranhado cultural em que a sociedade se encontra hoje. O espaço geográfico, mesmo com as facilidades de deslocamento do homem, ainda carrega características territoriais, o que parece não acontecer com o espaço cultural, que cada vez mais está sem barreiras territoriais e espaciais. A cultura passa a circular livremente: as línguas, as obras de arte, a literatura, tudo está à disposição das pessoas no simples clicar de uma tecla.

Outra possível abordagem é que as culturas brasileira e japonesa a partir de determinado momento passaram a se completar, chegando ao ponto de as respectivas características não ficarem tão evidentes. Talvez esse seja o pilar do entendimento entre Brasil e Japão. A partir do momento que as diferentes culturas começaram a se compreender e a não querer se sobrepor uma sobre a outra, as relações de interculturalidade e hibridação cultural se desenvolveram de forma positiva, surgindo assim novos produtos culturais, a exemplo do que diz Canclini sobre a hibridação cultural na América Latina. Nesse sentido, o encontro que poderia gerar uma relação etnocêntrica cede lugar a uma harmonia cultural, à hibridização de dois mundos diversos. Brasil e Japão tornam-se exemplos do poder que a cultura imprime às relações no mundo contemporâneo, no mundo pós-industrializado, no qual o saber já começa a ter mais valor que o fazer. O saber passa a movimentar as relações socioculturais e até mesmo a economia, enquanto o fazer ficou muito ligado ao mundo da industrialização, da produção massificada, do trabalho manufaturado, em suma.

Pensar e pesquisar sobre a cultura se torna, portanto, um importante instrumento para aferir a questão dos valores, das identidades, da vida urbana - que a todo momento traz um novo elemento para a sociedade - e do comportamento do homem frente a isso tudo. Diga-se, questões essas que estão presentes no Tanka gadelheano.

Referências

ARAÚJO, Valterlei Borges. **Uma geografia cultural na poesia**: a hibridação cultural a partir da obra de Raimundo Gadelha. Trabalho de conclusão de curso (Graduação em Produção Cultural). Universidade Federal Fluminense. Niterói, 2007. 73 fls.

BASHÔ, Matsuo. **Sendas de Ôku**. São Paulo: Roswitha Kempf Editores, 1986.

BELCHIOR. Paralelas. *In*: BELCHIOR. **Coração selvagem**. CD. Wea Music. 1996.

CANCLINI, Néstor García. Noticias recientes sobre la hibridación. *In*: HOLLANDA, Heloísa Buarque de; RESENDE,

Beatriz (org.). **Arte latina**: cultura, globalização e identidades cosmopolitas. Rio de Janeiro: Aeroplano, 2000. p. 61-82.

COELHO, Nelly Novaes. O poeta e o novo humanismo. *In*: GADELHA, Raimundo. **Vida útil do tempo.** São Paulo: Escrituras Editora, 2004. p. 7-11.

FERRARA, Lucrecia D'Alessio. O turismo dos deslocamentos virtuais. *In*: YÁZIGI, E.; CARLOS, Ana F.; CRUZ, R. C. A. (org.). **Turismo**: espaço, paisagem e cultura. São Paulo: Hucitec, 1999. p. 15-24.

GADELHA, Raimundo. **Em algum lugar dentro de você mesmo**. São Paulo: Aliança Cultural Brasil-Japão: Arte Pau-Brasil, 1994.

GADELHA, Raimundo. **Um estreito chamado horizonte**. São Paulo: Massao Ohno Editor: Aliança Cultural Brasil-Japão, 1992.

GADELHA, Raimundo. **Em algum lugar do horizonte**. São Paulo: Escrituras, 2000.

LOUREIRO, João de Jesus Paes. O tempo revisitado. *In*: GADELHA, Raimundo. **Vida útil do tempo**. São Paulo: Escrituras Editora, 2004. p. 108.

MACDONALD, Richard. **What is a tanka?**. 1995. Disponível em: https://www.ahapoetry.com/RICHTANK.HTM. Acesso em: 24 jun. 2019.

OLIVEIRA, Adriana Capuano de. Japoneses no Brasil ou brasileiros no Japão? A trajetória de uma identidade em um contexto migratório. In: Texto apresentado no XI ENCONTRO DE ESTUDOS POPULACIONAIS DA ABEP, 11., 1994. **Anais** [...]. Belo Horizonte: ABEP, 1994, p. 799-818. Disponível em: http://www.abep.org.br/publicacoes/index.php/anais/article/view/865/831. Acesso em: 24 jun. 2019.

PALLOTINI, Renata. Apresentação. *In*: GADELHA, Raimundo. **Para não esqueceres dos seres que somos**. São Paulo: Escrituras Editora, 1998. Sem paginação.

PAZ, Octavio. A poesia de Matsuo Bashô. *In*: BASHÔ, Matsuo. **Sendas de Oku**. São Paulo: Roswitha Kempf Editores, 1986a. p. 29-44.

PAZ, Octavio. A tradição do Haiku. *In*: BASHÔ, Matsuo. **Sendas de Oku**. São Paulo: Roswitha Kempf Editores, 1986b. p. 7-24.

YAMAKI, Masuo. O Tanka chega ao Brasil. *In*: GADELHA, Raimundo. **Um estreito chamado horizonte**. São Paulo: Massao Ohno Editor: Aliança Cultural Brasil-Japão, 1992. Sem paginação.

O CONHECIMENTO POPULAR E OS NOVOS SUPORTES MIDIÁTICOS[21]

O presente texto pretende apresentar alguns dos novos suportes de mídia e comunicação e sua relação com as manifestações populares, de modo a identificar as potencialidades que as novas plataformas midiáticas podem oferecer à cultura popular como meio de divulgação e inserção no mundo contemporâneo.

Visto que de forma geral, pelo menos inicialmente, a modernidade tardia e o desenvolvimento dos meios de comunicação poderiam agir negativamente sobre os conhecimentos e a cultura popular, essa posição, agora, começa a ser questionada, uma vez que os próprios meios contemporâneos de comunicação podem ter um papel relevante para a sobrevivência, a continuidade e a (re)produção dos bens simbólicos populares.

---

[21] Originalmente escrito em 2009. Publicado no periódico **Gambiarra** (UFF), em 2009.

Os novos suportes midiáticos (vídeos digitais, câmeras fotográficas digitais, YouTube, MySpace, Twitter, Orkut, entre outros) podem se destacar como ferramentas úteis na formação e na transmissão de conhecimentos populares. O conhecimento que antes era passado através da oralidade, pode hoje ser perpetuado para futuras gerações através de um vídeo digital ou de uma gravação num *mp3* ou *ipod*. A apropriação desses bens por parte dos produtores e dos mestres de cultura popular podem se tornar poderosas armas num momento da história que, cada vez mais, tende a se desmaterializar e se auto-inventar através da tecnologia e dos meios de comunicação, a exemplo do que já faz a música, a literatura e as artes visuais – que estão absorvendo o que a tecnologia e os meios de comunicação contemporâneos podem oferecer.

Na medida em que a popularização dos meios de comunicação e dos suportes de mídia passam a chegar em locais remotos do Brasil, é de se pensar a respeito da adequação e das possibilidades que essas ferramentas podem oferecer às manifestações da cultura popular brasileira. Talvez o maior incentivo para que essa apropriação aconteça seja a própria política que o Ministério da Cultura vem adotando nos últimos anos: editais públicos para seleção de projetos culturais, editais públicos para os Pontos de Cultura e, em alguns casos, adoção de iniciativas inovadoras durante o processo de seleção, a exemplo de editais[22] públicos voltados aos povos indígenas, nos quais a inscrição no processo seletivo se dava partir de gravações em áudio e/ou audiovisual[23], visto que muitas comunidades indígenas podem ter dificuldades em se enquadrar nos trâmites burocráticos exigidos pelo MinC. Aliado a isso, todo Ponto de Cultura conveniado com o MinC recebe um kit multimídia para fazer seus próprios trabalhos e se conectar com o mundo.

Pois bem, o que pretendemos com essa pequena explanação é apontar como as Políticas Públicas adotadas pelo Ministério da Cultura estão se esforçando no sentido de implementar, mesmo às populações mais afastadas da cidade e com dificuldades em manusear equipamentos digitais, as ferramentas mínimas necessárias à inclusão e à cidadania

---

[22] Para ter acesso às Políticas Públicas do MinC, acessar: www.cultura.gov.br. Acesso em: 15 out. 2009.

[23] Mais informações e um vídeo com depoimento de um líder indígena pode ser visto em: www.cultura.gov.br/site/2009/09/02/pontos-de-cultura-indigena-na-raposa-serra-do-sol/. Acesso em: 15 out. 2009.

digital, visto que hoje não se trata apenas da antiga dicotomia *inclusão digital x exclusão digital* mas, antes, da participação ativa enquanto cidadão nos processos contemporâneos de inserção em sociedade e no espaço público.

Uma das ações do MinC, no Programa Mais Cultura, chama-se Cultura Digital, e tem como finalidade dar o suporte tecnológico mínimo para a preservação e continuidade das comunidades e das manifestações populares a partir da seleção via edital público. O trecho abaixo, encontrado no site do site do MinC, é um pouco longo mas esclarecedor sobre o assunto:

> Com a Cultura Digital, as comunidades poderão gravar sua própria imagem, como acontece com o Ponto de Cultura Vídeo nas Aldeias, com os índios Ashaninka e Kaxinawá, no estado do Acre, em que há uma inversão no tradicional processo de registro da imagem audiovisual das manifestações populares. Ao invés de serem filmados por um olhar externo, os índios são capacitados para utilizar uma câmera de filmagem, fazer roteiros e edição, e assim, se apresentam por eles mesmos. Outro Ponto de Cultura, Thydewá – índios on line, apresenta um processo semelhante interligando em rede os índios do nordeste brasileiro, principalmente nos estados da Bahia e Alagoas; as comunidades estão sendo capacitadas para produzir a sua página na internet, criando um sistema de comunicação próprio, fortalecendo o seu protagonismo.

Com a Cultura Digital, cada Ponto recebe um estúdio multimídia. É um equipamento nada sofisticado, quase caseiro (mesa em dois canais de áudio, filmadora, gravador digital e dois computadores que funcionam como ilha de edição), mas permite gravar um CD, produzir um vídeo, colocar uma rádio no ar e uma página na internet, tudo com programas em software livre. O equipamento digital deixa de ser apenas um meio, uma ferramenta e passa a ser entendido em sua dimensão filosófica, por isso o tratamos como cultura. Desta forma, cada comunidade pode gravar sua música, registrar sua imagem e colocá-las no ar, exercitando o processo de troca cultural entre os Pontos. Pela internet será possível produzir um programa de rádio com pessoas em diversas regiões do País (e mesmo em outros Países), ou então compor uma música coletivamente, experimentar novos sons, ritmos, timbres...; juntar tambores japoneses, o Taykô, com percussão baiana.[24]

O segundo parágrafo do texto em destaque nos faz lembrar a colocação de Beatriz Sarlo (2002, p. 49) quando diz que "quanto maior a dependência de uma cultura dos progressos técnicos e científicos, maior é a necessidade de um sistema de traduções dos problemas técnico-científicos em termos culturais". Dessa forma, ainda segundo Sarlo, o que deve ser

---

[24] Disponível em: http://www.cultura.gov.br/cultura_viva/?page_id=21. Acesso em: 15 out. 2009.

feito é uma apropriação dos recursos tecnológicos pelo viés cultural e artístico e os protagonistas dessa iniciativa devem ser os próprios criadores e/ou artistas, caso contrário esse espaço será ocupado pelos tecnocratas. Nesse sentido, não nos resta dúvida de que as manifestações populares e artísticas devem sim dialogar com essas ferramentas e se reinventar dentro do espaço social-tecnológico em ascensão.

Para exemplificar na prática as possibilidades dos recursos das novas mídias, basta lembrar que hoje *existir é estar na rede*[25]: o grupo ou artista que está fora dessa teia tende ao desaparecimento ou pelo menos ao enfraquecimento enquanto manifestação cultural ou artística, já que chegará apenas fisicamente aos lugares, ficando impedido de dar maiores saltos ainda devido às barreiras geográficas.

Cabe salientar que no século XXI um grupo ou manifestação artística/popular não pode se deixar impedir pelas barreiras geográficas e sociais. Existem possibilidades ao alcance de todos, porém, é importante percebermos que mesmo para

---

[25] Ver o artigo: BORGES, Valterlei. **A indústria cultural em tempos de popularização da internet** – Um olhar sobre a cena musical brasileira. Disponível em: http://arteinstitucional.com/outubro/artigovalterleiborges.html. Acesso em: 15 out. 2009.

estarmos cientes sobre o que está acontecendo e às possibilidades existentes, muitas vezes temos que estar conectados e em rede com outros atores, dialogando e criando conexões de trabalho, trocas, experiências, saberes.

Pesquisando sobre o assunto, achei um vídeo sobre a comunidade paratiense com o qual muito me identifiquei, pois morei em Paraty durante 15 anos da minha vida: trata-se de um documentário de 25 minutos sobre a vida caiçara[26], disponibilizado no YouTube[27]. Encontrar esse curta-metragem no YouTube foi, em parte, rever alguns anos da minha vida, da minha história, da cidade onde morei, foi também rever pessoas que conheci e lugares por onde caminhei na minha adolescência, e foi ainda escutar a

---

[26] *Caiçara* é uma palavra de origem tupi que refere-se aos habitantes das zonas litorâneas formadas principalmente no litoral do Estado de São Paulo. Também existe a "cultura caiçara" no litoral paranaense e litoral Sul do Estado do Rio de Janeiro. Inicialmente designava apenas a indivíduos que viviam da pesca de subsistência.

[27] O documentário encontra-se dividido em três partes. Parte 1: http://www.youtube.com/watch?v=SHwWRm7LVpk&feature=related, acesso em: 15 out. 2009; parte 2: http://www.youtube.com/watch?v=Bia7vUf9Zro, acesso em: 15 out. 2009; parte 3: http://www.youtube.com/watch?v=BI3a1mXIUDk, acesso em: 15 out. 2009.

Ciranda dos Coroas Cirandeiros de Paraty, que muito dancei e ouvi durante minha residência naquela cidade.

No entanto, faço esse relato pessoal mais para exemplificar a importância e a necessidade de iniciativas como a do curta-metragem "O caiçara de Paraty". Nele podemos ver e ouvir modos e conhecimentos populares não só pela tradição da via oral que é passada de geração a geração, mas através de um vídeo digital, suporte tecnológico que leva essa mesma mensagem para além da comunidade e, ao mesmo tempo em que preserva identidades locais e bens culturais materiais e simbólicos, esse trabalho também tem o mérito de dar voz e atenção ao povo caiçara, pois seja em que lugar for todos podemos conhecer e saber da existência e de algumas histórias e modos de vida daquele povo, bastando para isso apenas um clique.

Para finalizar, defendo a idéia de que toda comunidade, esteja ela localizada qualquer parte do Brasil, tenha essa mesma possibilidade, pois assim será possível discutir e pensar em problemáticas e soluções em âmbitos locais, trocar informações com outras comunidades, dividir saberes e conhecimentos, formando uma rede que possa ter seus respectivos discursos e vozes independentes. O ideal seria ainda, a meu ver, chegar num momento em que os

mediadores e acadêmicos do curta "O caiçara de Paraty",
para ficarmos no exemplo citado, deixassem de existir (pelo
menos no filme), só existindo as vozes locais.

O CASO DO BLOG DE MARIA BETHÂNIA[28]

Nos últimos dias vimos a blogosfera atuar quase de forma coletiva contra o projeto *O mundo precisa de poesia – blog*, no qual estão à frente Maria Bethânia (com o cargo de diretora artística), Hermano Vianna (como coordenador de conteúdo e moderador do blog) e Andrucha Waddginton (como diretor dos vídeos).

O projeto, que ganhou repercussão nacional por ter sido aprovado na Lei Rouanet pelo valor aproximado de R$1.350.000,00 (um milhão e trezentos e cinquenta mil reais) necessita de algumas explicações, especialmente porque muito tem se falado e criticado, mas sem nenhuma análise ou rigor, características típicas das redes sociais. Enquanto Produtor Cultural, ao meu ver, cabe esclarecer que um projeto desse porte e com essa amplitude custa caro, pelo menos aos olhos daqueles que não estão acostumados a lidar com esse tipo de trabalho. Os 365 vídeos com Bethânia interpretando poemas ou trechos de autores consagrados da

---

[28] Originalmente escrito em 2011. Publicado no extinto portal **Observatório da Imprensa**, em 2011.

língua portuguesa realmente necessitam de pessoas qualificadas e experientes, que tenham vivência nesse tipo de iniciativa. O blog, que serviria como suporte para veiculação e distribuição do material produzido foi uma escolha de linguagem da equipe de produção. E não necessariamente uma plataforma barata para se gastar menos – como muitos alegaram. Assim como os proponentes do projeto, também acredito que esse tipo de trabalho tenha mais a ver com a linguagem dos blogs do que com a linguagem dos já tradicionais sites. Portanto, não se trata apenas de um blog no qual diariamente serão inseridos poemas aleatórios – como muitos que vemos por aí –, mas um espaço com um trabalho curatorial e técnico de qualidade com grandes profissionais do mercado, o que, repito, custa caro.

O ponto mais criticado do projeto foi o salário de Bethânia que consumia parte significativa do orçamento e que está em R$50.000,00 (cinquenta mil reais) por mês, totalizando R$600.000,00 (seiscentos mil reais) ao longo de doze meses de trabalho da cantora. Não creio que R$50.000,00 por mês seja um alto salário para uma artista com o histórico e do nível da Bethânia. Poderia, inclusive, ser mais do que isso. Minha implicância é com o tempo de duração desse trabalho, pois é sabido que Bethânia não precisará trabalhar um ano para a realização de todos os vídeos. Na pior e mais longa das hipóteses, em seis meses todo o material poderia ser gravado. Faltando, portanto, a edição dos vídeos e upload diário do material. Possivelmente esse é o principal ponto negativo da iniciativa, pois parece que os proponentes não estão pretendendo realizar um projeto cultural e sim conseguir um emprego de um ano. Durante os doze meses de execução do projeto, precisariam nada mais do que o coordenador e moderador do blog e um assistente com perfil técnico para subir o material e resolver qualquer problema também de ordem técnica. Na pior das hipóteses manteria também o editor (para finalizar os vídeos em aberto) e mais alguns profissionais com perfil de produção. Um fato é inegável: Bethânia não precisaria estar durante os doze meses do projeto recebendo R$50.000,00 por mês.

O que mais me chamou a atenção nisso tudo, não foi o fato de ninguém vir a público falar sobre o caso, mas a defesa do próprio Hermano Vianna no jornal O Globo[29], que em alguns momentos chega a ser vergonhosa. Seria mais sincero falar apenas da magnitude do projeto e dos profissionais

---

[29] Disponível em: https://oglobo.globo.com/cultura/hermano-vianna-colunista-comenta-polemica-envolvendo-blog-de-maria-bethania-2809654. Acesso em: 18 mai. 2020.

envolvidos na empreitada, que de fato custam muito caro. Isso já justificaria parte considerável do valor apresentado à Lei Rouanet. Agora, tentar justificar a proposição do projeto partir da "carência enorme de literatura de língua portuguesa na internet" e da utilidade pública da iniciativa, convenhamos, não convence muita gente. A mim, pelo menos, não convence nem um pouco. John Neschling, por exemplo, recebia na OSESP o dobro do salário pedido para Bethânia e nem por isso se tornou motivo de chacota nas redes socais. Aliás, o maestro sempre falou abertamente sobre o seu salário à frente da orquestra. Salários altos no meio da cultura são recorrentes, mais do que a maioria das pessoas imaginam. Não tenho dúvidas de que se esse projeto fosse aprovado por um anônimo passaria incólume – isso, se fosse aprovado. A pergunta é: a CNIC (Comissão Nacional de Incentivo à Cultura) aprovaria um projeto semelhante de um produtor anônimo? Pela minha experiência com o uso das leis de incentivo à cultura, afirmo veementemente que não.

Porém, a verdade é que Bethânia e seus amigos acabaram servindo de bode expiatório, pois o que aconteceu neste caso é recorrente nos mecanismos de apoio a cultura no país, seja pelos incentivos diretos via Fundo Nacional de Cultura, seja pelos incentivos via Lei Rouanet. Quem trabalha com isso sabe que projetos podem ser aprovados com valores acima dos praticados pelo mercado e muitas vezes são realizados – os motivos dessa aprovação podem ser diversos e não pretendemos tratar aqui. Basta percebermos que nenhum outro artista formador de opinião se posicionou contra ou a favor de Bethânia. "Quem cala consente", diz o dito popular. E tem sua parte de verdade. Não quero dizer com isso que artistas consagrados não tenham o direito de usufruir dos benefícios fiscais das leis de incentivo à cultura, mas apenas apontar um fato recorrente no país. O caso da Bethânia foi mais um que sinalizou que a Lei Rouanet precisa ser revista. Cabe à nova gestão do MinC decidir sobre o assunto, porém, ao que tudo indica, a ministra Ana de Hollanda[30] tem muito mais interesses conservadores a defender do que propriamente contribuir com o desenvolvimento e a democracia cultural do Brasil.

---

[30] Ministra da Cultura do Brasil durante o governo de Dilma Roussef. Atuou no período 2011-2012.

A QUESTÃO DO VALOR NA CRÍTICA E NA PRODUÇÃO CULTURAL CONTEMPORÂNEA[31]

Introdução

É sabido que desde a popularização da internet em fins dos anos 1990, a música talvez seja a arte que mais tenha se transformado pelo viés da digitalização e, consequentemente, pelas facilidades de reprodução e acessibilidade às gravações em consequência da ultrapassagem da barreira industrial.

Não por acaso, é também nesse mesmo período que multiplicam-se aos montes o número de artistas e músicos que passam a, de fato, se tornarem independentes e produzirem seus trabalhos sem o aparato e a necessidade de mediação por parte da indústria fonográfica. Essa mudança na intermediação (gerada pelos computadores e pela internet), que vem gradativamente alterando as relações de produção e consumo na música, faz com que o artista tenha

---

[31] Originalmente escrito em 2010. Publicado no periódico **Travessias** (UNIOESTE), em 2012.

mais capacidade de auto-gerência sobre sua produção artística, o que acaba gerando um conflito com o modelo que predominou durante todo o século XX: o das grandes gravadoras que ditavam as regras do mercado e que exclusivamente controlavam toda a cadeia da música.

Ainda que a maioria das pessoas não domine nem conheça as ferramentas disponibilizadas na rede, as possibilidades passam a existir até para os que se encontram à margem da cidade e do espaço urbano: os espaços físicos e geográficos, portanto, podem deixar de ser a principal barreira impeditiva para a fruição e a criação de bens culturais e simbólicos e de informação. O cidadão contemporâneo passa a ter condições e recursos ao seu alcance que seriam inimagináveis há pouco mais de dez anos. O que acontece atualmente é um exemplo típico da compressão tempo-espacial apresentada por David Harvey (1992, p. 27), no qual a aceleração causada pelos sistemas de comunicação altera as relações dos indivíduos com os mercados e com o consumo, e acaba por reconfigurar toda a esfera social, produzindo assim novos sistemas de representação cultural.

Pois bem, é dentro desse modelo e a partir do processo de horizontalização dos meios de comunicação que os músicos passam a ganhar poder e a mediar, via internet especialmente, a relação entre criação, produção e distribuição de música. Pautado nesses princípios da digitalização e da proliferação das redes P2P, Sérgio Amadeu da Silveira (2009, p.30) nos lembra que a música é um conjunto de informações de natureza imaterial e que "as informações, por não terem existência tangível, podem ser reproduzidas em outros suportes". E continua:

> Tais elementos intrínsecos aos bens imateriais, informacionais, contidos na música, independentemente de qualquer outra classificação, tornam-na um bem de difícil apropriação privada. Sua propriedade se dá pela capacidade de negação de acesso. Sua base e fonte são a cultura, a linguagem e a herança transmitida pelos meios de conhecimento. Exatamente por isso, são práticas comuns e não se prestam perfeitamente à privatização. Para negar o acesso à música, é preciso tentar transformá-la num bem material. É preciso buscar fundi-la ao seu suporte (SILVEIRA, 2009, p. 31).

O professor Sérgio Amadeu da Silveira defende a idéia, portanto, de que a música é inexoravelmente um bem imaterial e que, justamente por possuir essa natureza, a indústria criou mecanismos para assegurar os meios de acessibilidade e, por fim, a possibilidade do lucro. Importante acrescentar que: a cópia e a disseminação não necessariamente prejudicam o original, uma vez que não existe escassez de um bem imaterial. A arquitetura P2P permitiu a reapropriação da música e representou definitivamente a liberação de determinados suportes criados pela indústria para assegurar o controle de distribuição desse bem. O mundo digital veio realçar a imaterialidade da música fazendo da circulação na rede um processo de compartilhamento e construção em que muitas vezes se torna possível inclusive a criação coletiva.

A despeito das facilidades de acessibilidade e reprodução, é notório que a quantidade de produção tenha aumentado exponencialmente, o que, por sua vez, não quer dizer que o padrão técnico de qualidade (como o pregado pela indústria) tenha seguido a mesma lógica. Sendo assim, podemos afirmar que muitas vezes o sucesso do artista não depende do padrão de qualidade do trabalho produzido, visto o número de trabalhos de baixíssimo valor, seja técnico ou mesmo artístico, atingindo circulação e repercussão massiva. Porém, também já podemos notar produções de alta qualidade fora do controle da indústria cultural e sobrevivendo de forma autônoma graças às possibilidades digitais.

Por sua vez, esse vasto panorama de produções retoma algumas discussões que ficaram esquecidas ao longo das últimas décadas, tal como a questão do valor na crítica cultural, há muito adormecida especialmente a partir do avanço dos Estudos Culturais. O tema da digitalização da música e o crescimento massivo de indivíduos tendo como gerir e disponibilizar suas próprias produções se torna um objeto interessante para pensarmos sobre essa questão. É nesse momento que o valor da produção pode ser pensado, questionado ou refletido, numa tentativa de se valorar o que está sendo produzido e veiculado pelos sistemas de interação social e pelas atuais plataformas de mídia, além de, obviamente, trazer a discussão para os outros campos da cultura.

A questão do valor

Diante de todas as possibilidades apresentadas e principalmente pela quantidade de trabalhos que vem surgindo a partir da popularização da reprodutibilidade digital da música, a questão do valor se torna um assunto importante para ser abordado, o que já vem (timidamente) acontecendo desde o final dos anos 1980 e início dos anos 1990.

Antes, faremos aqui um breve histórico sobre as discussões em torno da questão do valor, para que possamos compreender a importância do assunto e a necessidade de retomar essa reflexão na atualidade.

Até o desenvolvimento e a popularização dos Estudos Culturais a partir dos anos 1950, resumidamente a discussão da cultura ficava restrito a praticamente dois pólos antagônicos: a alta cultura ou cultura erudita de um lado e a baixa cultura ou cultura popular de outro, ao lado, é claro, das discussões sobre cultura de massa e indústria cultural levantas na Escola de Frankfurt. Os Estudos Culturais vêm justamente romper com essa dicotomia ao propor um relativismo inspirado na antropologia, no qual se pudesse reconhecer e respeitar as qualidades inerentes às respectivas expressões ou movimentos, sejam eruditos, populares ou massivos. O resultado desse posicionamento ao longo do tempo foi uma relativização algumas vezes um pouco exagerada, na qual muitas coisas se tornaram aceitáveis. O que inicialmente foi muito benéfico para o estudo da cultura e suas manifestações acabou se transformando num problema justamente por permitir relativizar tudo e, consequentemente, tornar tudo aceitável a partir da interpretação relativista. Nesse intuito, a retomada das discussões em torno da questão do valor se torna imprescindível para podermos, de fato, atribuir valor às produções e poder julgar, a partir de critérios, devidamente explicitados, as produções e/ou manifestações contemporâneas. Ademais, devemos lembrar que o relativismo é quase tão perigoso quanto o dogmatismo, só não o é porque ainda existe a possibilidade de se ouvir outras vozes (uma vez que tudo é relativo), ao contrário do dogmatismo no qual só é permitida uma única voz (que autoritariamente reprime todas as outras).

Para falar da questão do valor, que entendemos aqui como valores estéticos, tomaremos como base os estudos da argentina Beatriz Sarlo, que há muito vem discutindo e retomando esse tipo de abordagem que é usado pelos Estudos Culturais, principalmente porque procurava apresentar um discurso menos hermético e mais dinâmico do que a crítica tradicional e mais próximo da chamada realidade multicultural. É partindo da própria interculturalidade que Sarlo (1997, p. 8) nos diz que "os valores são relativos, mas não indiferentes [...]. As culturas podem ser respeitadas e, ao mesmo tempo, discutidas". Continua Sarlo: "no momento em que as culturas tomam contato entre si [...] os valores entram em debate". Em outras palavras: a interculturalidade latino-americana, assim como o multiculturalimo norte-americano, são duas das bases dos Estudos Culturais que tornam-se também campos a partir do quais podem surgir debates e discussões em torno do valor, justamente por serem campos habitados por diversos atores de múltiplas nacionalidades e, portanto, um espaço propício à discussão.

É esse tipo de abordagem que, acredito, pode se tornar um dos pilares para enfrentarmos a crítica musical contemporânea e o que vem surgindo na rede, principalmente se levarmos em consideração a quantidade de produção surgida pela internet: a questão dos valores estéticos se colocam, portanto, como um importante ponto para pensarmos a produção musical contemporânea. Nesse sentido a internet e os suportes de veiculação musical – locais de diversidade por excelência - podem em muito contribuir para o enriquecimento desse tipo de abordagem, pois é bom lembrarmos que ao atribuir valor estamos nos posicionando, e é bom que esse posicionamento seja afirmado, primeiro por uma questão de conhecimento e clareza do lugar de onde se fala e, segundo, por uma questão de ética e honestidade intelectual enquanto crítico e/ou formador de opinião, se for o caso. Assim, afirmamos nosso ponto de vista, tendo claro que não é o único nem necessariamente o melhor.

Sobre os problemas enfrentados em torno do assunto, Sarlo (1997, p. 10) diz que

> a questão estética não é muito popular entre os analistas culturais, porque a análise cultural é fortemente relativista e herdou o ponto de vista relativista da sociologia da cultura e dos estudos de cultura popular. No entanto, a questão estética não pode ser ignorada sem que se perda algo significativo. Porque se ignorarmos a questão estética estaríamos perdendo o objeto que os Estudos Culturais estão tratando de construir (como objeto diferente da cultura em termos antropológicos).

As discussões de Beatriz Sarlo giram, em grande parte, em torno da literatura, no entanto é interessante trazermos suas reflexões para outros campos e pensarmos as mesmas questões dentro do âmbito que temos interesse em discutir. Sendo assim, o atual estágio de criação e veiculação da música pelos sistemas digitais, possibilitados sobretudo a partir da popularização da internet e das redes P2P, gerou uma quantidade insondável de produções: vozes que até então eram abafadas pelo sistema e que agora estão emergindo pelas esferas das novas mídias. É nesse campo que muitas vezes o valor estético pode fazer a diferença: na nuvem digital tende a se sobressair aqueles que têm qualidade ou, para usar uma expressão muito empregada por Beatriz Sarlo, aqueles que têm densidade, ou seja, que produzam algo que possa ser analisado pelo viés crítico e de valor estético. Obviamente que essa mesma nuvem também propicia o aparecimento de muitas produções de cunho mercadológico e muitas coisas aquém do próprio padrão de qualidade do mercado, no entanto o que buscamos apontar aqui é esse espaço gerador de produções com densidade que se mantém à margem do mercado, ainda que posteriormente venha a ser absorvido pela indústria cultural.

Pois bem, essa mesma nuvem também se torna um importante espaço de afirmações simbólicas e de identidade e, por conseguinte, de discussões acerca do valor, pois dessa diversidade cultural podem surgir práticas e conflitos valorativos que poderão ser desdobrados inclusive em análises de práticas sociais e de discussão da sociedade contemporânea por intermédio dos novos suportes e das redes sociais.

Pensar criticamente e valorar a música que vem sendo produzida a partir da popularização das novas mídias e da internet no Brasil é, ao mesmo tempo, pensar a questão dos Estudos Culturais por aqui e ver até que ponto a crítica direcionada a essa escola e, a partir dessa própria escola, pode ser (re)pensada nos moldes brasileiros, possivelmente gerando outras perspectivas sobre o assunto. Beatriz Resende (2002, p. 17) afirma que "debater o tema dos Estudos Culturais é colocar na mesa a própria organização institucional de nossas universidades, nas múltiplas áreas das Ciências Humanas, e nas diversas disciplinas em que o saber acadêmico se organiza".

E continua (RESENDE, 2002, p. 18), a respeito da popularização dos Estudos Culturais nas escolas de comunicação:

> [...] O fato de os Estudos Culturais encontrarem também espaço e interesse nas escolas de comunicação é mais facilmente explicável pela juventude destes estudos que ainda não tiveram tempo de construírem seus próprios castelos e na fertilidade de estudos sobre mídia e comunicação produzidos por autores e centros dedicados ao tema.

A crítica cultural e os Estudos Culturais são, portanto, pilares que podem ser adotados para o exercício da valoração das produções e expressões culturais produzidas dentro e a partir das novas plataformas de mídia. Acrescenta Beatriz Resende (2002, p. 22): "é por acreditarmos na possibilidade de se desenvolver uma reflexão a partir dos espaços de livre circulação de idéias e de estarmos convencidos da necessidade de se ocupar um lugar crítico, que apostamos no debate em torno dos Estudos Culturais", porém, ao mesmo tempo ela (RESENDE, 2002, p. 26) nos lembra que:

> [...] A apregoada necessidade de pluralismo, de abertura democrática, parece cair imediatamente por terra. O cânone é invocado, o critério de valor é ressuscitado. A multiplicidade transforma-se em dissolução de critérios, a pluralidade em ausência de bases teóricas, a democracia em submissão, a defesa da troca em fascínio pela globalização, a politização em populismo.

Diante dessa dissolução de critérios e da ausência de bases teóricas de que nos fala Beatriz Resende e do relativismo exacerbado, uma postura saudável talvez seja a crítica dialógica defendida por Todorov (1992), que consiste, resumidamente, em dialogar com a obra, no sentido de que tanto a voz do autor como a do crítico se façam ouvidas e compreendidas, podendo desse diálogo surgir discussões acerca dos valores humanos, da busca da verdade e também reflexões sobre a atualidade: a obra criticada pode servir para se pensar o hoje. Ela deixa de existir apenas no tempo-espaço em que foi criada e passa a interferir no tempo-espaço contemporâneo.

Pois bem, é justamente nesse sentido que buscamos levantar aqui a retomada e a importância do critério de valor: para que não se caia novamente no relativismo extremado e as mais diversas produções veiculadas via internet sejam aceitas sem serem debatidas e refletidas. Obviamente que, como já foi dito, a cultura será respeitada, mas isso não impede o debate dentro do espaço público e, consequentemente, que sejam considerados critérios e juízos - tomados como construção e não como algo dado e imutável, frutos de um contexto e da luta que nele se estabelece - sobre essa produção.

Outros canais

Acontece que a internet tem um espaço ilimitado, o que faz surgir múltiplas vozes e com isso múltiplos discursos, ainda que muitos, para não dizer a maioria, não tenham qualquer tipo de repercussão, pois mesmo nesse canal a legitimidade do emissor do discurso – que em grande parte dos casos é dada pelos canais tradicionais de comunicação - acaba influenciando a popularização. Ainda assim esse fenômeno acaba possibilitando qualquer pessoa a criticar e emitir juízo de valor sobre as produções e expressões culturais e artísticas. É certo que mesmo num tempo de popularização da internet, os canais que de fato emitem a maior parte da formação de opinião ainda continuam sendo os dos grandes veículos de comunicação, seja através dos meios tradicionais (impressos, rádios e TVs), seja através de seus canais *online*, pois estes sim (os canais dos grandes veículos de comunicação) são canais legitimados e confiáveis aos olhos do grande público. Muitos desses veículos, algumas vezes por estratégia de marketing, outras por falta de espaço dentro das mídias tradicionais e noutras ainda como possibilidade de criar um canal direto com o público, se adaptando à realidade contemporânea, acabam criando *blogs* para seus colunistas e críticos comentarem com mais espaço e principalmente com mais liberdade seus assuntos de atuação – embora alguns desses canais sejam direcionados de acordo com os interesses dos veículos de comunicação e já não cumprem mais o objetivo com que foram criados: serem espaços abertos de exposição e discussão livres de qualquer dirigismo. O mesmo pode acontecer com os *blogs* de pessoas anônimas que acabam se tornando emissores de opinião e de alguma forma também formadores de opinião, num efeito que também se enquadra no fenômeno da "cauda longa", que é a criação e/ou formação de nichos de mercado – não necessariamente com fins comerciais – que vivem à parte da grande massa do sistema. Alguns blogueiros acabam ganhando tamanha notoriedade que passam a chamar a atenção inclusive das grandes corporações, que estão aprendendo a lidar com isso e já travam relações de interesse com essas pessoas. É uma via de mão-dupla: as corporações ganham em cima dos blogueiros e os blogueiros em cima delas, o que nos faz pensar que já não existe mais um canal tão alternativo e à margem do sistema como inicialmente se pensava a internet. De qualquer forma, é notório percebermos que alguns desses atores já desempenham um papel importante dentro das formulações do que ganhará ou não repercussão, seja na música, em outros meios ou mesmo nas questões comportamentais.

A rede acabou se tornando um celeiro onde muitas vezes a indústria cultural vai buscar o que está repercutindo entre os usuários ou nos nichos da chamada "cauda longa" para, aí sim, inseri-los dentro do mercado e das formas tradicionais de consumo e veiculação. Dessa forma, somos levados a acreditar que na contemporaneidade, especialmente para o artista, existir é estar na rede: quem não tem seu canal de veiculação pela internet não existe aos olhos do mundo. Suportes como os *blogs*, o *YouTube*, os *podcasts* ou o *MySpace*, por exemplo, estão dando oportunidade a bandas e músicos para disponibilizarem seus trabalhos *online* de forma prática e sem custos. Aliás, é importante notar que essa superposição entre tecnologia e arte tornou possível partilhar de forma autônoma conteúdos também autônomos, o que leva qualquer pessoa que produza algum tipo de bem ou reflexão cultural a poder compartilhar sua produção de forma independente com milhares de pessoas - criando, portanto, um novo sistema de representação cultural, no qual todos podem ter o poder e os meios de criação e divulgação/comercialização de suas respectivas obras, sem a necessidade da indústria intermediadora.

Algumas mudanças

Essas mudanças e fenômenos estão inclusive levando algumas gravadoras a pressionar seus artistas no sentido de ter uma participação nos contratos das turnês, passando também a lucrar em cima da bilheteria dos shows, uma vez que a venda de CD's caiu vertiginosamente com o *boom* do consumo de música pela internet. Dessa forma e diante da atual realidade da cultura digital (abstrata) dos discos, podemos vislumbrar um futuro em que talvez o artista viverá cada vez mais de seus shows, e a internet servirá cada vez mais como principal meio de divulgação de seus trabalhos, principalmente se levarmos em consideração os artistas populares e/ou independentes.

No entanto, o que chama nossa atenção é perceber a importância da tessitura da rede social da internet para o aparecimento e o surgimento dos novos músicos, e os números de visitas a *blogs* a ao perfil social do *MySpace* dos artistas podem nos confirmar isso[32]. O importante é sabermos filtrar a massa de informação disponibilizada a todos gratuitamente. Afinal, como já nos apontou Adorno e Horkheimer (1990), muito do que surge e julgamos ser inovador pode ser o resultado de um grande e forçoso direcionamento da indústria cultural. Contudo, também vale lembrar o que nos diz André Lemos (2003, p. 9): "as diversas manifestações socioculturais contemporâneas mostram que o

---

[32] Selecionei três novos nomes que vem se destacando dentro da cena contemporânea da música brasileira: Nina Becker, Romulo Fróes e Curumim. *MySpace* de Nina Becker, acessar: http://www.myspace.com/ninabecker, acesso em: 22 jan. 2010, visitas: 125.369 acessos; *MySpace* de Romulo Fróes, acessar: http://www.myspace.com/romulofroes, acesso em 22 jan. 2010, visitas: 106.109 acessos; *MySpace* de Curumin, acessar: http://www.myspace.com/curumin, acesso em 22 jan. 2010, visitas: 450.210 acessos.

que está em jogo como o excesso de informação nada mais é do que a emergência de vozes e discursos anteriormente reprimidos pela edição da informação pela *mass media*."

Assim, é bom notarmos que existe também um novo público que não está mais refém da grande mídia e que busca conhecimento e informação por meios alternativos. Essa possibilidade de múltiplas vozes (que ficou sufocada durante séculos) emerge no século XXI podendo existir paralelamente à indústria cultural e suas diretrizes, mesmo que posteriormente venham a se unir, o que normalmente acaba acontecendo com os artistas que ganham projeção pelos meios digitais. O que acaba acontecendo, na verdade, é uma reconstrução do sujeito na qual cada um pode se apresentar ou representar sem a necessidade praticamente obrigatória de outrora dos mediadores tradicionais, seguindo uma tendência do XXI na qual cada pessoa passa a ter o poder de falar por si e com sua própria voz, ainda que mediada por outros meios ou suportes.

Aqui também sustentamos a necessidade da valoração dos produtos culturais emergentes surgidos dentro da esfera das novas mídias e acreditamos que somente o julgamento relativista dessas produções não seja possível. Temos que estar abertos a outras formas de posicionamento: o relativismo não pode ser a única forma de análise e interpretação de um produto cultural. Sobre isso afirma Beatriz Sarlo (2002, p.39):

> [...] os estudos culturais não são uma solução à questão da arte e da literatura, mas uma formulação de seus problemas. Os estudos culturais caracterizam-se pela sua perspectiva ultra-relativista. Nesse sentido, gostaria de afirmar que a arte e a literatura modernas não podem ser capturadas completamente sob uma perspectiva puramente relativista. A experiência estética e a discussão dos valores estéticos podem estar baseadas numa discussão democrática, mas requerem muito mais do que o respeito por essa diversidade. Requerem a avaliação que, no caso da arte, não vem de regras democráticas e pode não ter a diversidade como elemento norteador.

De forma semelhante à Sarlo, Andreas Huyssen (2002, p. 24) diz que

> [...] a insistência no valor estético e as complexidades de representação na produção cultural podem, hoje, ser facilmente desvinculadas de um elitismo socialmente codificado [...] Para compreender melhor como os mercados culturais funcionam sob as condições de globalização, continua a ser absolutamente crucial compreender de maneira crítica a dimensão estética de toda produção de imagem, música e linguagem. Isso me leva à minha tese sobre porque os estudos culturais em sua

> configuração atual não fornecem um bom modelo
> para entender as culturas globalizantes.

Continua Huyssen (2002, p. 25) "[...] Uma parte significativa da esquerda acadêmica condena a cultura erudita como elitista e eurocêntrica, denuncia a estética como totalitária e recusa debater valor cultural". Por fim, para sair desse beco sem saída, como chama Huyssen (2002, p. 30), devemos tomar algumas atitudes, entre as quais ele sugere "reintroduzir tópicos de qualidade estética em nossa análise de toda prática e todo produto cultural. Aqui, a questão de critérios é obviamente a chave [...]". Não por acaso o debate em torno da questão do valor é sempre polêmico, já que retoma uma discussão que havia sido "resolvida" a partir da interpretação relativista desde o início dos Estudos Culturais. E tocar nessa questão é mexer, conforme já nos disse Beatriz Resende, com instituições e valores sedimentados. E Andreas Huyssen ainda toca num outro assunto muito polêmico, pois para ele muitos dos problemas contemporâneos ainda passam pela questão do erudito e do popular, o que torna necessário uma revisão e uma nova abordagem desses conceitos, especialmente na globalização contemporânea.

Porém, voltemos à Sarlo. Outro ponto importante que não podemos deixar de mencionar aqui se refere à questão das mudanças e inovações tecnológicas, a qual ela defende que devem ser entendidas como mudanças de cunho culturais, pois caso contrário outros atores poderão ocupar esse espaço. Sobre esse assunto, prossegue Beatriz Sarlo (2002, p. 49):

> Se essa tarefa não for assumida pelos artistas e intelectuais, os tecnocratas ocuparão esse lugar; a política e a vida ficarão separadas das artes e romper-se-á uma ligação com uma dimensão do conhecimento que sempre tem sido decisiva na invenção estética e social.

Os processos de transformação que vem ocorrendo com a popularização das novas formas de produção da música a partir da internet tornam a multiplicidade e a quantidade de produções veiculadas, enquanto possibilidade, acessível a todos. De fato, nunca foi tão fácil conhecer as mais diversas produções musicais, sejam elas nacionais ou estrangeiras. As formas que os músicos e bandas, comerciais ou não, vêm usando para divulgarem seus trabalhos e conseguirem sair da nuvem são na maioria das vezes disponibilizadas também pela própria internet. O que os difere é exatamente a forma desse uso e a inovação com as ferramentas que teoricamente são ofertadas a todos. E é somente após a saída dessa nuvem que acontece a projeção e, portanto, o alcance do público ou pelo menos a ampliação dessa possibilidade. É de se pensar e refletir sobre esses meios em termos culturais como propõe Sarlo, pois praticamente já não há separação dessas esferas dentro da produção cultural veiculada na rede e também fora dela.

Essas mudanças nos fazem voltar a pensar a história da indústria cultural e da indústria fonográfica em especial, que durante todo o século XX serviu como pólo hegemônico de informação: um padrão claramente criado e direcionado pelo *mass media*. É bom lembrarmos que a ideia de autoria foi (e ainda é) algo que está extremamente vinculado à expansão da indústria cultural, pois se não há autor não há mecanismos de controle sobre a detenção dos direitos autorais e com isso as possibilidades de cobrança e manipulação por parte da indústria se reduzem drasticamente. No caso da música, para haver um controle rígido desse bem tornou-se necessário ligá-lo a um suporte físico, pois dessa forma o acesso fica restrito a quem tem condições de possuir o produto e, além disso, possuir o suporte técnico necessário à execução e consequentemente à fruição desse bem. Ora, basta lembrarmos que até o século XIX não existia expectativa financeira alguma com a venda de música, por isso mesmo a noção de propriedade sobre as composições ainda era algo muito vago. Para se ter uma ideia, em fins do século XIX no Brasil, a única possibilidade de "lucro" com a música era a venda de partituras. Embora a ideia de autoria e individualidade da obra tenha aparecido no Renascimento, no caso da música isso ganha fôlego maior com o surgimento da indústria fonográfica em fins do século XIX e mais fortemente a partir do início do século XX. No Brasil desse período ainda era comum a prática de venda de canções entre os músicos, o que ainda hoje promove discussões acerca da autoria de muitos sambas da época.

A música no mundo digital vai exatamente contra ao que pregou a indústria durante todo o século XX. Os recém-chegados suportes midiáticos, muitos dos quais ao alcance das pessoas no seu cotidiano, estão reconfigurando os modelos até então vigentes e criando diálogos a partir das novas plataformas: vozes e discursos estão emergindo e gerando outras concepções, discursos, reflexões. E a arte não ficou de fora dessa revolução. Aliás, ela está se apropriando muito bem das oportunidades oferecidas pela tecnologia, especialmente a música, que tem se revolucionado contra as leis impostas pela ditadura do mercado. Talvez o maior ganho desse período seja justamente a transformação de qualquer pessoa em potencial emissor de informação e, portanto, potencial formador de opinião e discurso, seja através da arte, seja através da ocupação e atuação do espaço social a partir da cibercultura.

E como a indústria fonográfica já parece saber (embora não admita) que essa é uma luta perdida e que não há mais como controlar o que é produzido e veiculado pela internet, ela não tem outra saída a não ser agir sobre a consciência moral das pessoas, numa tentativa de conseguir, pelo menos de forma paliativa, controlar a parte que ainda lhe resta. Sergio Amadeu da Silveira (2009) tem um artigo muito interessante sobre o assunto intitulado *A música na época de sua reprodutibilidade digital*, em que é feita uma análise das tentativas, por parte de indústria, de mudar o comportamento das pessoas através do que ele chama de reeducação moral: uma mudança de comportamento que vai contra o que prega o mundo digital, que muitas vezes é impulsionado pela criação coletiva e realça a ideia de obra virtual como obra aberta por construção (LEVY[33], 1999 *apud* SILVEIRA, 2009), o que acaba gerando uma tendência de participação

---

[33] LEVY, Pierre. **Cibercultura**. São Paulo: Editora 34, 1999.

nos processos criativos, ainda que de forma tímida. O mundo digital também acaba reforçando a ideia de imaterialidade da música, o que mais uma vez vai contra a obrigação defendida pela indústria fonográfica do atrelamento da obra a um suporte físico.

Nesse cenário não resta outra alternativa à indústria a não ser uma reeducação moral da sociedade a partir de apelos e propagandas que pretendem reformular alguns hábitos coletivos gerados dentro da rede.

> A indústria da intermediação sabe que precisará mudar hábitos arraigados na população, pois, no ambiente das redes digitais, esses modos padronizados de pensar, sentir ou agir, adquiridos e tomados, inconscientes e automáticos, puderam se manifestar claramente e com força crescente, principalmente o ato de emprestar, de trocar e de compartilhar (SILVEIRA, 2009, p. 41).

Sérgio Amadeu da Silveira (2009, p. 43) prossegue em sua análise acrescentando o seguinte:

> [...] O núcleo da nova moralidade é clara: copiar um arquivo digital é crime! Como, repentinamente, milhões de pessoas no mundo tornaram-se criminosas e imorais? Obviamente, a indústria do copyright desconsidera a mudança histórica, pois quer apenas manter seus modelos altamente lucrativos

construídos no mundo industrial e em um cenário de broadcasting.

O trecho abaixo é um pouco extenso mas esclarecedor:

> [...] os dirigente da MPAA, da RIAA (órgãos fiscalizadores) e congêneres sabem que a economia do imaterial não sofre escassez; que o custo de reprodução marginal de um bem digital é igual a zero e limita-se ao seu suporte; que copiar não altera o original e que, portanto, trata-se de algo completamente distinto de um roubo. Percebem que é impossível impedir o compartilhamento de arquivos com medidas policiais e com travas tecnológicas.
>
> [...] A indústria de intermediação sabe que é preciso reeducar moralmente a sociedade e demonstrar aos mais jovens que emprestar é um equívoco, que a solidariedade é perigosa, que a fonte da criatividade está na propriedade e que idéias tem a mesma natureza das coisas. A indústria da intermediação tenta fazer de seus interesses econômicos uma lei objetiva implacável, resultado óbvio da razão humana e dos princípios de justiça. Desse modo, experimenta apresentar para o indivíduo em formação a necessidade de sentir-se culpado por atos atualmente corriqueiros, tais como baixar uma música em seu computador (SILVEIRA, 2009, p. 44).

Esse tipo de coibição é mais facilmente exemplificado nos filmes em DVD, que trazem na abertura uma mensagem explícita, normalmente dirigida à família, em que se tenta demonstrar, muitas vezes fazendo uma ligação direta entre a cópia/reprodução e o crime organizado, que a prática da reprodução é contra a lei e é um roubo. O que se nota é que muitas dessas mensagens são especialmente direcionadas às crianças, numa tentativa de formar futuros cidadãos que não exerçam essa prática e que de fato considerem o ato de baixar ou copiar um arquivo digital um crime.

Considerações finais

Busquei aqui apontar reflexões acerca da discussão e da importância de se resgatar o debate sobre a questão do valor dentro da produção e da crítica cultural, especialmente da música. Na contemporaneidade não posso deixar de acreditar que a questão do valor tenha que ser pensada e trazida à tona novamente, obviamente respeitando as diferenças culturais e de identidades, porém sem deixar de discutir e debater sobre as produções, para que não venhamos a persistir no acentuado relativismo.

Hoje o panorama mudou: não dá para aceitar tudo apenas sob a ótica relativista, pois caso contrário permaneceremos num labirinto sem saída. Não quero com isso dizer que devemos julgar se um produto cultural é melhor do que outro ou vice-versa, porém devemos reconhecer e afirmar que ambos os produtos são diferentes e devemos debater essas diferenças de modo construtivo e dialógico. Acrescento ainda que esse parâmetro de valoração não deve acontecer dentro de uma hierarquia verticalizada, isto é, numa tentativa de levantar ou rebaixar as produções. Pelo contrário, as produções devem ser analisadas pelo viés da horizontalidade, ou seja, sob o mesmo patamar, porém, evidentemente devemos saber diferenciar e assumir o que é produção de mercado e o que é produção de letrados - visto que cada um possui suas respectivas características – sem cair no erro de classificação hierárquica, pois assim como a produção de letrados pode nos ensinar e fazer refletir, a de mercado, sem dúvida, também oferece um vasto campo para o aprendizado e a reflexão.

Ademais, torna-se importante ressaltar, conforme tentei mostrar durante minha exposição, que a discussão em torno da digitalização dos bens culturais, como é o caso da música, tem de ser pensada como uma mudança de paradigma, tanto para a indústria quanto principalmente para o artista, que passa a ter a necessidade de inovar em seus modelos de criação e veiculação. Está claro que o artista não pode mais ficar refém da indústria: ele deve criar seus próprios mecanismos de interação com o público utilizando-se dos suportes e plataformas digitais ao mesmo tempo em que cria mecanismos alternativos para vender sua produção. Apenas a disponibilização do CD ou DVD no mercado não atende mais à demanda e exigência do público. É necessário a cada trabalho trazer novidades (seja nas formas de veiculação ou no produto em si) que despertem o desejo de compra no consumidor.

O artista deve ainda estar atento à *mass media* e saber dialogar com a indústria cultural: num momento usá-la e noutro por ela ser usado (ou se deixar ser usado), o que pode acabar trazendo benefícios, para ambas as partes. A indústria cultural sabe das potencialidades das mídias digitais e por esse motivo também joga com isso, buscando artistas que já ganharam repercussão a partir da internet e da auto-divulgação, ou mesmo convidando esses artistas para participar de *talk shows* e programas de TV – o que lhe confere a possibilidade de medir a popularidade do artista para talvez incorporá-lo - ou seja, a indústria pula uma etapa que lhe custa fortunas (a de criação e divulgação de um artista), pois o próprio se divulgou e já conta com um público. O que não podemos pensar é que essa dualidade seja ingênua em ambas as partes, pois não é: o artista se beneficia da *mass media* ao mesmo tempo em que a *mass media* se beneficia dele. E em geral não se vê artista recusar contrato com gravadora.

A indústria cultural está tão atenta a essas mudanças que, não encontrando formas de controle sobre o que é produzido, disponibilizado ou comercializado, cria mecanismos de coerção moral a partir de propaganda massiva muitas vezes direcionada especialmente às crianças, na tentativa de reverter o atual processo, principalmente para com o consumo de produtos culturais.

Por fim, cabe falar que todas essas mudanças estão causando uma verdadeira transformação em toda estrutura organizacional da indústria fonográfica, na qual os papéis acabam se misturando e a hierarquia criada pela hegemônica indústria da intermediação ao longo de todo o século XX está sendo reestruturada. Questões como as de propriedade e autoria passam a ser discutidas e voltam fazer parte do cotidiano de quem lida com esse tipo de produção, além de levantar reflexões e polêmicas entre os próprios usuários dos sistemas digitais. Em muitos casos já não basta mais estar na mídia e ter o apoio da indústria cultural: muitos artistas já entendem que é necessário inovar principalmente nas formas de comercialização e divulgação do trabalho, se mostrando atento às inovações tecnológicas e criando mecanismos, especialmente voltados para os fãs e seguidores, que gerem o interesse de adquirir o produto cultural.

Referências

ADORNO, Theodor W.; HORKHEIMER, Max. A indústria cultural. O iluminismo como mistificação de massas. In: LIMA, Luiz Costa (org.). **Teoria da cultura de massa**. Rio de Janeiro: Paz e Terra, 1990.

BORGES, Valterlei. **A indústria cultural em tempos de popularização da internet**: um olhar sobre a cena musical brasileira. Rio de Janeiro, 2009. Disponível em http://www.arteinstitucional.com/outubro/artigovalterleiborges.html. Acesso em: 22 jan. 2010.

HARVEY, David. **Condição pós-moderna**. São Paulo: Edições Loyola, 1992.

HUYSSEN, Andreas. Literatura e Cultura no Contexto Global. In: MARQUES, Reinaldo; VILELA, Lúcia Helena (orgs.). **Valores:** arte, mercado, política. Belo Horizonte: UFMG / Abralic, 2002.

LEMOS, André. Cibercultura. Alguns pontos para entender a nossa época. In: LEMOS, André; CUNHA, Paulo (orgs.). **Olhares sobre a cibercultura**. Porto Alegre: Sulina, 2003. p.11-23. Disponível em: http://www.scribd.com/doc/2620279/cibercultura. Acesso em: 22 jan. 2010.

RESENDE, Beatriz. **Apontamentos de crítica cultural**. Rio de Janeiro: Aeroplano, 2002.

SARLO, Beatriz. Los Estudios Culturales y La Critica Literaria en La Encricijada Valorativa. Buenos Aires: **Revista de critica cultural**, nº 15, 1997. Disponível em: http://www.cholonautas.edu.pe/modulo/upload/sarl.pdf. Acesso em: 13 jan. 2010.

SARLO, Beatriz. A Literatura na Esfera Pública. In: MARQUES, Reinaldo; VILELA, Lúcia Helena (orgs.). **Valores:** arte, mercado, política. Belo Horizonte: UFMG / Abralic, 2002.

SILVEIRA, Sérgio Amadeu da. A música na época de sua reprodutibilidade digital. In: PERPETUO, Irineu Franco; SILVEIRA, Sergio Amadeu da (orgs). **O futuro da música depois da morte do CD**. São Paulo: Momento Editorial, 2009.

TODOROV, Tzvetan. **Critica de la critica**. Barcelona / Buenos Aires / México: Paidós, 1992.

INDÚSTRIA FONOGRÁFICA: ÁPICE E DECLÍNIO NO SÉCULO XX[34]

Introdução

A digitalização dos processos de comunicação e a transformação dos meios de circulação de bens culturais, ocorridos principalmente a partir dos anos 2000, nos fazem sentir a necessidade de uma revisão do passado da indústria fonográfica com algumas análises dos principais períodos e suas respectivas características. É nesse sentido que buscaremos neste artigo abordar alguns pontos históricos que acreditamos serem pontos-chave para observarmos as transformações ocorridas especialmente ao longo do século XX: um século divisor de águas na indústria da música.

Falar do mercado da música sem atentar para as transformações ocorridas no século XX é deixar para trás o período das grandes e principais mudanças, com a ascensão e o declínio das chamadas majors (grandes gravadoras) – que

---

[34]Originalmente escrito em 2011. Esta versão foi reelaborada em parceria com Leandro de Paula Santos (UFBA). Publicado em inglês no **Journal of Media Critiques**, em 2017.

acabariam determinando, seja para o bem ou para o mal, muito de sua história, como veremos neste trabalho. Por isso, optamos por fazer um histórico da evolução da indústria fonográfica, desde fins do século XIX até o início do século XXI.

Essa evolução tecnológica corresponde ao próprio desenvolvimento da indústria e do mercado de consumo da música, pois o processo de gravação para reprodução e audição já nasce tendo como base um aparato tecnológico e industrial. Abordaremos o processo de evolução de gravação da música tendo como referência o surgimento de tecnologias que propiciaram novas formas de circulação e usufruto da produção musical, pavimentando nossa discussão sobre o impacto trazido pelas plataformas digitais/virtuais para tal mercado.

Em certo sentido, quando observada pelo viés da história da indústria fonográfica, a história da música é parecida com a do cinema, uma arte cujo processo de produção é indissociável de aparatos tecnológicos. Mais ainda: a sétima arte surge dentro de uma estrutura industrial e propriamente comercial: basta lembrarmos que a primeira exibição pública de um filme, em 1895 em Paris, foi paga. Foi nessa circunstância histórica que a música também passou a ser registrada em suportes físicos, ensejando a estruturação de um modelo industrial voltado para a comercialização. Falamos assim da efetiva transformação histórica da música em produto, ou de sua tangibilização comercial, pois, como veremos a seguir, até então sua fruição ficava restrita à audição da execução ao vivo.

Este trabalho foi estruturado de modo a abarcar o principal modelo vigente em cada período analisado, sempre que possível contextualizando a realidade brasileira. Para tanto, os períodos foram subdivididos em ordem cronológica de acordo com os nomes dados aos principais aparelhos ou suportes de reprodução musical: na primeira parte do artigo - intitulada O ontem - falaremos sobre o fonógrafo (que abrange dos anos 1877 a 1887), o gramofone (que surge em 1888 e perdura até fins dos anos 1910), o disco de 78 rpm (que surge em 1925 e perdura até final dos anos 1940), os discos de vinil (que surgem em 1948 e começam a declinar no final dos anos 1980) e as fitas magnéticas (tecnologia que surge no final dos anos 1970 e começa a declinar no final dos anos 1980). Na segunda parte do texto – intitulada O hoje -, dedicada à era digital/virtual da indústria fonográfica, veremos o CD (que surge no início dos anos 1980 e permanece até hoje) e, por fim, o download (que surge nos anos 1990 e se populariza a partir dos anos 2000). Como nosso foco foi o século XX, optamos por não analisar os atuais serviços de streaming, visto que esses serviços surgem no Brasil a partir da segunda década do século XXI.

É importante informar que o tempo de abrangência de cada período conforme exposto aqui não é preciso: trata-se de uma tentativa de organizar melhor a cronologia do século XX de acordo com história da indústria fonográfica nesse espaço de tempo, lembrando que, ainda hoje, os diversos modelos de suporte continuam dividindo espaços, especialmente entre colecionadores e amantes da música. Dito isto, passaremos a analisar os principais períodos da indústria fonográfica, que se iniciam no final do século XIX, atingindo o ápice e o declínio (se tratando das formas industriais de produção) no século seguinte. Desse modo podemos afirmar que é no século XX que ocorrem as grandes transformações industriais e massivas ligadas ao mercado da música.

O ontem

O fonógrafo

Até fins do século XIX, para se ouvir ou consumir música era necessário ir a um concerto ou ouvir uma execução ao vivo: até então não se reproduzia ou comercializava música a partir de um suporte físico. No Brasil, durante o período de transição do século XIX para o século XX, segundo o pesquisador José Ramos Tinhorão (1998, p. 226), o "mercado" da música popular se resumia à venda informal de partituras para piano.

Desenvolvido no ano de 1877 pelo americano Thomas Edison (1847-1931), o fonógrafo foi a primeira tentativa de gravação e reprodução da música. Harry Crowl diz que

> o inventor americano criou, depois de vários experimentos, um aparelho com duas agulhas, uma para gravar e outra reproduzir, capaz de registrar sons em cilindros. Tais sons eram emitidos através de uma embocadura que se assemelhava a um bocal de um instrumento musical, talvez uma tuba ou um sousafone (CROWL, 2009, p. 144).

O fonógrafo era um aparelho que originalmente gravava sons em cilindros de cera. Tratava-se, portanto, de um primeiro aparelho mecânico com o objetivo de reproduzir sons (não necessariamente música) e com potencial para abrir um mercado de venda e comercialização de um bem que até aquele momento não conhecia a reprodutibilidade - mesmo que essa não fosse a intenção inicial de Thomas Edison. Em nossa breve genealogia dos modelos fonográficos, o fonógrafo representa a primeira forma de reprodução da música, e atrela a experiência de ouvi-la à existência física de um aparelho responsável pela difusão das ondas sonoras.

O gramofone

Desenvolvido em 1888 por Émile Berliner (1851-1929), um alemão que emigrou para os Estados Unidos, o gramofone teve como avanço em relação ao fonógrafo, segundo Simone Pereira de Sá (2009, p. 57), a possibilidade de "reprodução e cópia através de discos feitos de goma-laca (shellac) reproduzidos numa matriz de cobre, permitindo a gravação de um só lado". Também existia a possibilidade de confecção desses discos em cera. Em outras palavras: a invenção de Berliner libertou a música aprisionada no aparelho reprodutor e a colocou em suportes físicos mais fáceis de manipular e com maior portabilidade. Diferentemente do momento anterior, agora já havia o interesse na venda e na comercialização da música. O formato dos suportes usados pela invenção de Berliner era o de discos: estava instaurado a partir daquele momento o modelo que iria reger todo a indústria fonográfica durante o século XX.

Portanto, é a partir do gramofone que já podemos perceber o protótipo do que no século XX iria ser um dos principais produtos da indústria fonográfica: o disco. Armazenada e fixada num suporte que permitia seu transporte e comercialização, a música iria se transformar num produto industrial comercializado em larga escala – ainda que podendo conter um valor simbólico e expressões inerentes a uma determinada cultura.

O fato é que com a invenção do gramofone, mesmo no Brasil ainda escravagista dos anos 1880, já se previa a possibilidade de comércio com a venda de discos, especialmente a partir do surgimento do teatro de variedades, uma espécie de teatro de revistas que contava com atrações musicais e que se tornou muito popular no Rio de Janeiro de fins do século XIX. Todo artista que quisesse fazer sucesso teria que necessariamente passar pelo teatro de variedades. E isso despertou a cobiça e o interesse de certos grupos em aproveitar a oportunidade do sucesso que alcançariam no teatro para venderem discos referentes aos trabalhos musicais apresentados. José Ramos Tinhorão vê nesse momento o início de um período em que a música iria se transformar em objeto de comércio através da venda: inicialmente, conforme anteriormente apontado, ainda sob a forma de partituras, e posteriormente em "discos de gramofone e rolos de pianola" (TINHORÃO, 1998, p. 226).

Contudo, as primeiras gravações feitas por artistas brasileiros datam dos anos 1900. Se pensarmos que o gramofone foi criado pouco mais de dez anos antes, no mesmo ano em que foi abolida a escravidão no Brasil, e que a proclamação da república tinha acontecido em 1889, podemos afirmar, nesse sentido, que não estávamos tão atrasados. Um dos principais responsáveis por esse trabalho foi Fred Figner (1866-1947), um imigrante tcheco de origem judaica que se instalou no Rio de Janeiro e fundou a famosa Casa Edison no final dos anos 1890, uma importadora de fonógrafos e gramofones. Pouco tempo depois, mais precisamente a partir de 1902, a Casa Edison passa a explorar outro ramo ligado à música e se torna também gravadora, ganhando desde então o título de primeira gravadora comercial do Brasil. Porém, todo o material era enviado ao exterior, onde era feita a produção, e depois retornava ao Rio de Janeiro como discos já prontos para serem comercializados.

Poucos anos depois o mesmo Fred Figner, a partir de associações com corporações estrangeiras, funda no Brasil a primeira fábrica de discos, a Odeon, representação da matriz internacional. Durante seu período de atividade, a Casa

Edison lançou no mercado brasileiro mais de 28 mil títulos, sendo considerada uma das principais responsáveis pela profissionalização da indústria fonográfica no país. Foi na Casa Edison que o sambista Bahiano gravou dezenas de músicas, como "Pelo telefone", o primeiro samba gravado em disco, em 1917, que se tornou um marco na história da música brasileira. O Brasil foi também o primeiro país do mundo a gravar um disco com música nos dois lados, cantada por Bahiano.

É um período que vai perdurar até o final dos anos 1920 mas que já deixa um forte rastro do sistema comercial que iria reger todo o século XX. Ainda que em geral a historiografia não veja nesse período o que se pode chamar de consumo massivo de música tal como entendemos hoje, não podemos deixar de ver nesse momento o embrião da indústria fonográfica, seja pelo modo de gravação da música (em discos), seja pelo próprio princípio e mecanismo de execução que muito pouco mudou nos períodos seguintes, inclusive visualmente e estruturalmente falando. Na verdade podemos falar que posteriormente ao gramofone ocorreram evoluções tecnológicas que aprimoraram a reprodução e a qualidade sonora, porém sem muito alterar os princípios que já se apresentavam nessa que, de acordo com nossa cronologia, é a segunda fase da evolução da indústria fonográfica.

Os discos de 78 rpm

Pode-se dizer que os anos 1920 são outro marco na história da indústria fonográfica: primeiro porque é nessa década que surge o disco de 78 rpm (rotações por minuto), que se tornaria um padrão para a indústria, mais precisamente a partir de 1925; segundo porque é nessa mesma década que se identifica o que podemos chamar modernamente de fonografia, tal como define Simone Pereira de Sá (2009, p. 58): "a cultura da reprodução mecânica da música a partir da interligação entre o suporte físico do disco e o formato da canção popular".

Apesar de muitos pesquisadores já terem comentado a curiosa história do surgimento do formato da canção popular, não podemos deixar de falar aqui sobre esse assunto, visto que ele está intimamente ligado ao disco de 78 rpm: pelo fato de possuir um espaço de gravação de aproximadamente quatro minutos em cada um dos lados, o suporte físico acabou determinando o formato e a duração média das composições de música popular e massiva. Passados mais de

90 anos desde o surgimento do disco de 78 rpm, as canções populares continuam com o mesmo padrão de tempo dominante de mercado, um fato exemplar da influência da tecnologia sobre a criação artística e que se contrapõe aos padrões para a composição musical que vigoravam até o século XIX. Ainda hoje, quando um artista ousa quebrar esse modelo, especialmente se tratando de uma canção de trabalho (ou seja, aquela que é executada exaustivamente em todos os meios de comunicação), normalmente são editadas duas versões: uma que podemos chamar de original ou integral, que acompanha o disco, e outra para ser executada nas rádios comerciais e/ou na televisão, que podemos chamar de editada.

Aproximadamente quatro anos depois de ganharem o mercado, por volta de 1929, os discos de goma-laca passam a triunfar sobre os cilindros do fonógrafo desenvolvido por Thomas Edison e multinacionais já presentes no Brasil, como a gravadora RCA Victor, por exemplo, começam a produzir discos para uso comercial nas rádios, já que esses eram mais resistentes e produziam menos ruídos de superfície.

Para se ter uma idéia da revolução causada pelo disco 78 rpm no mercado fonográfico e em especial no mercado brasileiro, basta pensarmos que o disco de 78 rpm que continha a música "Chega de Saudade", lançada pelo estreante João Gilberto em 1958, vendeu 15 mil cópias. Anísio Silva e Orlando Dias, dois cantores muito populares nos anos 1950, chegavam a vender 100 mil cópias de cada 78 rpm lançado.

Podemos falar que nos anos 1950 já havia toda uma estrutura e um mercado crescente no mundo da música, ainda que boa parte desses aparatos estivessem concentrados em cidades como Rio de Janeiro, então capital do Brasil, e São Paulo. Porém, a grande evolução ainda estaria por acontecer: o surgimento dos LPs, conforme veremos a seguir.

Os discos de vinil

O ano de 1948 marca o surgimento do Long-Play ou LP, como ficou popularmente conhecido. Fabricado com um novo material plástico originário do petróleo, o vinil, embora delicado, era mais resistente e permitia uma melhor qualidade sonora durante a execução. Por causa do tipo de material plástico usado na fabricação, os LPs também ficaram conhecidos como discos de vinil. Sobre esse momento, Sá diz o seguinte:

> a continuidade dessa história tem outros marcos importantes no desenvolvimento de duas modalidades de um novo suporte, o disco de vinil,

> lançado quase concomitantemente no pós-guerra por gravadoras rivais: na versão Long-Play, de 12 polegadas e 33 1/3 rpm pela Columbia, em 1948; e na versão de sete polegadas, com um grande furo no meio, que tocava em 45 rpm, lançado pela concorrente RCA Victor, em 1949 (SÁ, 2009, p. 58).

Umas das diferenças apontadas entre o LP de 33 rpm, como ficou conhecido, e o disco de 45 rpm é que

> o LP ganha legitimidade, inicialmente, a partir de sua associação com a música 'boa', 'séria', vista como 'de qualidade' – a música clássica e outros gêneros adultos, por exemplo. Já o de 45 rpm deve a sua importância por ser a modalidade preferida para a divulgação dos sucessos comerciais do pop-rock, tornando-se um importante meio para a distribuição de singles com a música de trabalho junto ao rádio e televisão (MAGOUN, 2002; MILLARD, 2002; KEUGHTLEY, 2004; SHUKER, 1999 *apud* SÁ, 2009, p. 58).

Podemos ainda destacar aqui o tempo de execução de cada um: o disco de 33 rpm até 23 minutos de música de cada lado ao passo que o de 45 rpm suportava até oito minutos de cada lado (em torno de quatro faixas se pensarmos no formato da música comercial). É importante observarmos também que nesse período de transição todos os formatos continuavam sendo fabricados e comercializados: o disco de 78 rpm, o LP de 33 rpm e o disco de 45 rpm. Naturalmente as novas descobertas e o direcionamento dado pelas indústrias foram se sobressaindo ante os demais formatos e o desaparecimento dos primeiros suportes caminharam para o fim, até o total desaparecimento e a transformação deles em artigos raros (naquela época talvez estivessem mais para excêntricos do que para raridades) como se tornaram atualmente.

Toda essa evolução, até o final dos anos 1940 com o surgimento dos LPs, tinha gerado sobretudo um avanço tecnológico nos modos de gravação e reprodução da música. Já na década de 1920 a gravação elétrica substitui quase que por completo a mecânica, ainda que se tratasse de uma gravação analógica. Desde o surgimento do primeiro fonógrafo no final do século XIX até o moderno Long-Play, a indústria fonográfica já havia difundido a comercialização dos discos e as multinacionais já se estruturavam no modelo fordista de integração vertical da produção industrial, isto é, as próprias gravadoras transitavam e tinham controle total de todas as etapas de produção do disco, desde a escolha da matéria prima do produto até a confecção e distribuição do LP finalizado, além de decidirem qual artista ia ou não tocar nas rádios e na televisão e, consequentemente, alcançar o sucesso e a vendagem.

É, portanto, a partir da década de 1940 e início dos anos 50 que as multinacionais se estabelecem como grandes corporações que passam a comandar o mercado fonográfico em todo o mundo e em todas as suas esferas e etapas de produção. É nesse período que identificamos a virada e a transformação da música num negócio industrial capaz de construir fortunas e grandes conglomerados corporativos.

Tinhorão, analisando a música popular brasileira desse período, análise essa que pode ser estendida aos demais gêneros e à indústria fonográfica como um todo que brotava naquele momento, diz que

> com o aparecimento das gravações - primeiro em cilindros, e logo também em discos -, a produção de música popular iria ter ampliadas tanto sua base artística quanto industrial: a primeira, através da profissionalização dos cantores (solistas ou de coros), da participação mais ampla de instrumentistas (de orquestras, bandas e conjuntos em geral) e do surgimento de figuras novas (o maestro-arranjador e o diretor artístico); a segunda, através do aparecimento das fábricas que exigiam capital, técnica e matéria-prima (TINHORÃO, 1998, p. 247).

É um momento divisor de águas dentro da evolução da indústria fonográfica, pois é nesse período que começam as profissionalizações voltadas à música, a ponto de grandes nomes da música brasileira, como Pixinguinha e o próprio Tom Jobim, terem trabalhado como arranjadores e maestros em duas dessas corporações. O primeiro já em 1920 foi contratado pela Victor Talking Machine Company of Brasil como "instrumentador, chefe e ensaiador da Orquestra Victor Brasileira" (sic). O segundo foi contratado como arranjador pela Continental em 1952, num momento, portanto, que já podemos chamar de industrial, pois além de aparecem traços característicos das majors, trata-se também de um período de boom das redes de comunicação no país, a partir da popularização dos rádios e principalmente do surgimento da televisão, veículos que passam a ocupar um importante espaço dentro da cadeia da produção e da promoção da música de massa.

É também no final dos anos 1950, mais precisamente a partir de 1958, que serão vendidos os primeiros LPs com som estéreo, isto é, com um sistema que utilizava dois canais de áudio, direito e esquerdo, sincronizados no tempo, recurso que dava a impressão de um som uníssono para o ouvinte. Dessa forma o LP passa a comportar ainda com mais qualidade a música. Aos poucos o modelo anteriormente adotado, o monoaural, isto é, o sistema de som com um só canal de áudio, foi sendo substituído até o total desaparecimento (e o som estéreo ainda permanece até os dias de hoje).

Tinhorão é esclarecedor nesse ponto. Ainda que um pouco extensa, a citação é enriquecedora e, mais uma vez, pode ser estendida a outros gêneros musicais:

> O resultado dessa expansão de base industrial-comercial do produto 'música popular' em medida muito maior do que o de sua parte artístico-criativa foi que, em poucos anos, os critérios da produção em tal campo passaram da qualidade artística do produto para suas possibilidades comerciais. Isto queria dizer que, embora enquanto criação artística devesse reger-se por padrões estéticos, a música popular passou em sua produção a reger-se pelas leis do mercado. Essa subordinação do artístico ao comercial iria explicar, afinal, não apenas a crescente transformação da música popular em fórmulas fabricadas para a venda (depois de obtida a massificação, bastava produzir 'o que o povo gosta'), mas a progressiva dominação do mercado brasileiro pela música importada dos grandes centros europeus e da América do Norte, sedes também das gravadoras internacionais e da moderna indústria de aparelhos eletro-eletrônicos e de instrumentos de alta tecnologia. Transformada, pois, em produto industrial-comercial pela necessidade de uma base material para sua reprodução – disco, fita, filmes de cinema ou de videotape -, a música popular brasileira passou, de fato, a partir do século XX, a situar-se dentro do mercado no mesmo plano dos demais produtos nacionais (TINHORÃO, 1998, p. 248).

Embora Tinhorão defenda certa música popular brasileira como se contra ela houvesse existido desde sempre um movimento de conspiração, não podemos deixar de perceber em sua análise muitos pontos elucidativos sobre o assunto, especialmente no que se refere ao Brasil dos anos 1950. Entretanto, é ingenuidade imaginar, como o texto de Tinhorão nos leva indiretamente a pensar, que existiam apenas músicas-produtos. É certo que esse tipo de produção se fortalece de maneira ímpar com o crescimento da indústria fonográfica, porém a música não-comercial, se podemos chamar assim, continuou a ser produzida e vendida, ainda que em menor escala e muito menos veiculada pelos grandes sistemas de mídia.

Também temos que lembrar que é nesse mesmo período que surge no Brasil a televisão. E a TV tem um papel importantíssimo no establishment da música massiva no país. É também a partir dos anos 1950 que a TV, que se torna uma forte aliada do rádio (para pouco tempo mais tarde se tornar o principal veículo de comunicação do país), passa a ditar as regras do que fará ou não sucesso no país. Talvez o maior expoente dessa relação entre a TV, o rádio e a indústria fonográfica no Brasil seja o cantor Roberto Carlos, que na década 1960, ao lado de Erasmo Carlos e Wanderléa, comandou um programa voltado aos jovens nas tardes de domingo (transmitido pela TV Record) e que tinha o mesmo nome do movimento liderado por ele: Jovem Guarda. Vale ainda dizer que, como o próprio nome do movimento revela, tinha como público alvo os jovens, que a partir do pós-guerra se tornam tão ou mais importantes para a indústria do consumo que os habituais consumidores daquela época, ou seja, adultos com vida economicamente ativa. Nesse momento os jovens passam a ser o alvo da indústria fonográfica, responsáveis por considerável parte das vendas.

À parte a evolução tecnológica e os interesses midiáticos ligados diretamente à indústria fonográfica, talvez a maior mudança cultural ocasionada com o surgimento dos LPs, impulsionada também pelo interesse financeiro, seja a criação do formato do álbum. Pois, como falado anteriormente, os discos de 78 rpm e os de 45 rpm, tinham, respectivamente, capacidade para aproximadamente oito e 16 minutos de música, o que na prática significava um disco com duas e quatro músicas no formato comercial. Como os novatos LPs permitiam aproximadamente 45 minutos de música, instaura-se um produto estruturado e com as canções de alguma forma interligadas dentro do todo que compunha a obra. Simplificando, poderíamos dizer que os discos formavam uma obra narrativa e estética, e tinham início, meio e fim. Dessa forma, as gravadoras (e os artistas) passaram a dar cada vez menos atenção aos formatos de 78 e 45 rpm que, normalmente, depois do surgimento do LP, serviam como disco single no qual eram distribuídas as músicas de trabalho. Nesse momento, esses tipos de disco começavam a declinar, embora ainda fosse comum no Brasil gravadoras trabalhando nesse formato, como o próprio disco de estréia de João Gilberto lançado em 1958 pela gravadora Odeon. O que aconteceu, na prática, é que os discos de 78 e 45 rpm acabavam servindo como testes: se tivessem boa vendagem, a gravadora daria ao artista a chance de lançar um LP. Foi o que aconteceu com João Gilberto: em 1959, ano seguinte ao lançamento do seu single, foi lançado o LP "Chega de saudade". No Brasil, os compactos foram comercializados até aproximadamente o final dos anos 1980, versão na qual foram lançados muitos hits.

O fato é que o LP, além de trazer inovações tecnológicas, reformula toda a cultura de consumo da música. Sá diz o seguinte:

> Para tanto, contribuem não o desenvolvimento das técnicas de gravação em estúdio, mas, principalmente, a consolidação de um produto de

> 'longa duração', que reunia uma obra em estreita ligação com a noção de um autor/compositor, e que poderia também ser colecionada por fãs. Assim, ainda que o compacto representasse uma importante fatia do consumo na música naqueles anos, é o formato álbum - entendido como um produto fechado, com canções interligadas, com duração de cerca de 40 minutos com lado A e lado B e acompanhado de capas, encartes, textos apresentando o artista, ficha técnica, agradecimentos e um título, lançados por um determinado grupo ou intérprete – que garante ao disco a hegemonia dentro da cultura popular-massiva da música [...] (SÁ, 2009, p. 59).

Como aponta Keightley (2004), o fato do LP ter se consolidado como o carro-chefe da indústria fonográfica entre as décadas de 1950 e 1980 deveu-se à percepção do mercado de que tais discos não vendiam apenas quando lançados: ao comporem catálogos das principais gravadoras, apresentam retorno comercial constante e de longo prazo.

Numa entrevista à revista Bravo em abril de 2008, o músico Charles Gavin parece concordar com o trecho anteriormente citado:

> [...] No passado, a chegada de um novo disco ensejava reuniões de amigos para degustação. 'Lembro-me de que no colégio o pessoal ia para a escola com seu LP preferido debaixo do braço', conta Charles Gavin, pesquisador, baterista dos Titãs e apresentador do programa O Som do Vinil, exibido

> pelo Canal Brasil. 'Era uma forma de dizer 'gosto dessa música', mas não só: representava opções políticas e comportamentais. Você estava declarando 'sou assim'' [...]. Ao mesmo tempo, o LP implica um ritual íntimo. 'Lado A e lado B propõem algo bem diferente ao ouvinte', explica Gavin. 'Por qual lado começar? Enquanto ele decide vem o sussurro ao pé do ouvido: 'Largue o que está fazendo e, pegue a capa, pegue o encarte, sente-se e boa viagem![...].

A fala de Gavin toca num ponto importante: o poder simbólico e cultural exercido pelos LPs. Os discos de vinil passam então a fazer parte e também a compor a identidade do indivíduo que o consome – de forma não muito diferente ao que acontece com a identidade visual de determinado grupo ou "tribo". A música, aliada ao produto LP, passa a ter o poder de por si só expressar gostos e posturas, como o pertencimento a um nicho ou a negação de outro. E assim continuou até o final dos anos 1990, quando então o CD começou a se popularizar e, principalmente, se tornar acessível à população brasileira.

Para finalizar esta parte que discorre sobre os discos, seja de goma-laca ou vinil, é interessante apontar as diferenças básicas entre eles. A tabela a seguir aponta as diferenças entre os discos de 33, 45 e 78 rpm.

DISCO	LANÇAMENTO	MATERIAL	NOME COMERCIAL	TEMPO DE MÚSICA
33 rpm	1948	Vinil	LP	Até 46 minutos
45 rpm	1949	Vinil	Compacto ou Single	Até 16 minutos
78 rpm	Década de 1920	Goma-laca	Disco de 78 rpm ou apenas 78	Até 8 minutos

Tabela 1: diferença entre os discos de 33, 45 e 78 rpm.

As fitas magnéticas

Um outro suporte que também é de grande importância para o desenvolvimento e o entendimento da indústria fonográfica, mas que com uma certa frequência é deixado de lado, são as fitas magnéticas. Desenvolvidas inicialmente pelos alemães nos anos 1930, a partir do magnetofone, só se tornariam populares (em termos comerciais) a partir dos anos 1970.

Antes de sua massificação, segundo Crowl, "a fita magnética passou a ser utilizada apenas para fins profissionais nas rádios, TVs, produtoras de cinema e nas gravadoras, para a gravação das matrizes que dariam origem aos discos". Dessa forma, as antigas metodologias de gravação, "com gravadores de arame que gravavam sobre uma corda de piano" (CROWL, 2009, p. 143), desapareceram. Assim, podemos afirmar que a fita magnética foi de suma importância para a corrida tecnológica, pois aumentou a qualidade da produção fonográfica ao mesmo tempo em que facilitou as correções durante os processos de gravação. Nos Estados Unidos e no Brasil as fitas magnéticas alcançariam maior visibilidade profissional somente a partir dos anos 1950.

No entanto, a grande mudança e popularidade das fitas magnéticas iriam ocorrer somente a partir dos anos 1960 e especialmente nos anos 70: é quando surgem as fitas K7. A partir desse período, os consumidores passam a ter duas opções: os discos de vinil e as K7 – que tinham uma durabilidade menor do que a dos discos. As fitas K7 têm em especial três pontos positivos sobre o vinil: o preço, a portabilidade e a possibilidade da gravação caseira. O segundo e terceiro pontos merecem uma abordagem maior de nossa parte, já que representam um novo modo de relacionamento com o produto musical: o consumidor ganhava liberdade para ouvir música em rádios portáteis, assim como nos automóveis. Podemos ver nesse momento o início da individualização do consumo da música: se antes, como relatou Charles Gavin, o ato de ouvir um LP era motivo para uma reunião de amigos, agora, também pela primeira vez, a individualidade ganharia maior espaço e a relação música-ouvinte mudaria para sempre.

É também com a fita K7 que o consumidor ganha liberdade para copiar, a partir de uma matriz, suas próprias fitas, assim como se torna possível copiar o conteúdo dos discos de vinil para uma fita (nesse caso havendo inclusive a liberdade de uma mudança de suporte e edição de conteúdo), além da possibilidade de gravação diretamente das rádios comerciais. Com a fita K7, qualquer pessoa passa a poder fazer gravações e registros sonoros, como o registro de uma criança cantando ou de algum ritual tribal ou indígena por exemplo. Isso fez com que o governo alemão, por exemplo, ainda naquele período, instituísse uma cobrança de direito autoral sobre a produção de aparelhos reprodutores de fitas K7s, em função da possibilidade de cópias. É o início da reprodutibilidade caseira da música. Sobre esse assunto, prossegue Crowl:

> com todos esses atributos, mesmo com qualidade claramente inferior à do disco, a fita K7 tornou-se também a solução perfeita para os chamados 'demos' – amostragens de trabalhos musicais profissionais ou tomadas de gravações de quaisquer origens. A circulação de gravações independentes, bem como a pirataria de gravações comerciais, começou a se fazer notar por meio das fitas K7s (CROWL, 2009, p. 147).

Crowl nos lembra outros pontos importantes: o começo das fitas "demos", no qual artistas novatos ou mesmo consagrados podiam registrar de forma mais simples seus trabalhos ou suas novas composições – assim como também funcionavam muito bem como registro de idéias e composições ainda em andamento. Outro fato que surge com as fitas K7 é a pirataria: com a facilidade de reprodução e o baixo custo, se comparado aos discos e fitas originais, a reprodução em escala comercial e com finalidade lucrativa passou a ser uma realidade, especialmente em cidades interioranas.

Também pela primeira vez na história da indústria fonográfica, a fita K7 possibilitou a liberdade de criação e seleção de músicas de acordo com os respectivos gostos e interesses particulares. Uma vez que era possível a gravação caseira, se tornou realidade a criação de um set-list pessoal, ou, em outras palavras, um álbum pessoal, no qual qualquer um poderia selecionar, gravar e criar uma fita K7 com suas músicas favoritas ou de interesse para determinado fim.

Diante da praticidade da portabilidade, da facilidade de gravação e da individualização no ato de ouvir música possibilitadas pelas fitas K7s, nada mais natural do que a criação de um aparelho portátil e individual. No ano de 1979 a Sony lançou uma novidade no mercado: o walkman, um aparelho compacto capaz de reproduzir fitas K7 e sintonizar as rádios comerciais. O walkman é, portanto, o auge da individualização no ato de ouvir música.

> Com o walkman, as pessoas podiam ir a qualquer lugar ou fazer qualquer coisa sendo acompanhadas por música. Os primeiros modelos desse aparelho, inclusive, vinham com duas entradas para fones de ouvido, para que fosse possível escutar canções com outras pessoas. Isso demonstra como foi gradual a adaptação à idéia de uso e consumo individualizado da música, já que esse detalhe do aparelho foi descartado pela Sony pouco tempo depois (MILLES, 2005 *apud* CARVALHO e RIOS, 2009, p. 83).

Ainda hoje as fitas K7 podem ser encontradas; no entanto, sua aplicabilidade concreta está voltada não mais para a música ou pirataria, mas para outros tipos de registros sonoros, como entrevistas por exemplo. As fitas comerciais fabricadas pela indústria fonográfica com intuito de vender seus artistas não são mais encontradas. Atualmente encontramos somente fitas K7s virgens.

Nesse momento, encerramos a parte de desenvolvimento analógico da indústria fonográfica. Embora, na prática, nesse mesmo período, alguns recursos de gravação já contassem com a tecnologia digital, tais recursos estavam restritos aos processos industriais e não diretamente ligados ao usuário, como aconteceria posteriormente, conforme descrevemos a seguir.

O hoje

O CD

Dando prosseguimento à história da indústria fonográfica, nesta segunda parte do texto abordaremos a chegada e a popularização da tecnologia digital através de dois pontos cruciais: o CD e, posteriormente, o download e o compartilhamento.

O CD, que vem do inglês compact disc, representa uma revolução e uma nova era na história da indústria fonográfica em todo o mundo, porque embora os processos de gravação já estivessem bem avançados em termos industriais, é somente com o CD que os recursos tecnológicos do mundo digital passam a se tornar realidade para os consumidores. A qualidade do som se tornou consideravelmente superior em comparação com os LPs e fitas K7s: somem os ruídos e chiados e a capacidade de tempo para gravação praticamente dobra em relação ao disco de vinil. Outro ponto que contou a favor do CD foi seu tamanho: embora tivesse apenas 12 centímetros de diâmetro, inicialmente conseguia suportar até aproximadamente 70 minutos de música. Alguns pesquisadores dizem que esse tempo de armazenagem do CD foi proposital: Akio Morita, o executivo da Sony que lançou comercialmente a novidade no mercado, era um apaixonado pela 9ª Sinfonia de Beethoven na interpretação do maestro austríaco Herbert von Karajan e da Orquestra Filarmônica de Berlin, versão essa que tinha em torno de 70 minutos de duração. Outros dizem que o CD ganhou esse tempo de armazenagem devido à demanda de gravação da Sinfonia nº 5 de Beethoven.

A novidade chegou ao mercado através da Sony no ano de 1982, mas no Brasil é somente a partir dos anos 1990 que esse tipo de mídia começa a se popularizar. Com tanta qualidade sonora, o CD inicialmente era destinado somente aos amantes da música clássica, já que eram os que mais desejavam se livrar dos chiados característicos dos LPs e das fitas K7s: "[...] no início, o CD era destinado apenas aos consumidores de música erudita, pois eles naturalmente tinham ouvidos muito mais exigentes [...]" (CROWL, 2009, p. 149).

Uma das grandes evoluções dos CDs foi justamente possibilitar uma revolução semelhante às fitas K7 alguns anos antes: a possibilidade de gravação caseira. O CD permitiu, pouco tempo depois, a partir de um computador e alguns programas específicos, que qualquer pessoa pudesse copiar ou montar seus discos de acordo com seus gostos – só que agora com uma qualidade muito maior do que a proporcionada pelas pioneiras fitas K7. A facilidade era tanta que os CDs rapidamente passaram a ser pirateados e distribuídos com fins lucrativos. Porém, nesse momento não havia mais espaço para vendedores que passavam pelas cidades do interior com as últimas novidades musicais a um preço mais acessível: a pirataria dos CDs chegou em todos os lugares quase que simultaneamente. A partir desse momento a indústria fonográfica começa a sentir sua estrutura hegemônica (sustentada ao longo de quase todo o século XX) estremecer. Não há o que fazer nem formas de controle, uma vez que os consumidores tiveram acesso direto aos meios de produção, seja em escala particular, seja em escala industrial com interesses lucrativos (como é o caso da pirataria). Esse é um divisor de águas tanto para a indústria fonográfica quanto para os consumidores e essa revolução pode ser traduzida numa só palavra: liberdade.

Durante todo desenvolvimento industrial ocorrido desde o surgimento dos primeiros discos (junto com o gramofone, em fins do século XIX), o consumidor era levado a aceitar o que a indústria fornecia. A mudança começa a acontecer com as fitas K7 e se dissemina com os CDs: a facilidade de fazer cópias passa a ser tão grande que aos poucos a cultura de emprestar discos foi desaparecendo – torna-se mais fácil copiar um CD e dar para os amigos do que emprestar o seu original (se é que se possui o original). Os mais novos provavelmente desconhecem a cultura do empréstimo de qualquer tipo de mídia física de música: eles compartilham seus gostos musicais de outras formas, como veremos mais adiante.

De forma semelhante ao que aconteceu com as fitas K7 e conseqüentemente com o surgimento do walkman, os CDs seguiram o mesmo rumo: em 1984, mais uma vez pela Sony, chega ao mercado o discman, aparelho que tocava CDs no lugar das antigas fitas. Podemos ver nesse momento, mais uma vez, o estímulo à individualização no ato de ouvir música – fato que irá se consolidar de vez com a virtualização e rarefação dos suportes físicos das décadas seguintes. O discman representava, simbolicamente, a modernidade e a atualidade com o mercado da música que se encontrava disponível. O CD representava assim uma nova revolução, viabilizada pelo desenvolvimento tecnológico e eletro-eletrônico, pelo barateamento de custos de produção e pela massificação do consumo desse novo formato de reprodução sonora.

Muito se fala hoje sobre a vertiginosa queda na vendagem de CDs originais após o advento da internet. Cabe assinalar que, ainda que seja um fato inconteste, esse declínio não levou o CD a desaparecer totalmente do negócio da música: criou-se em torno de tal produto um outro tipo de apelo junto ao público consumidor. O quadro a seguir demonstra o número de unidades de CDs vendidas no Brasil na primeira década do século XXI, segundo o site da ABPD – Associação Brasileira de Produtores de Discos:

ANO	VENDAS TOTAIS CD + DVD (R$)	UNIDADES TOTAIS (CD + DVD)
2002	726 milhões	75 milhões
2003	601 milhões	56 milhões
2004	706 milhões	66 milhões
2005	615,2 milhões	52,9 milhões
2006	454,2 milhões	37,7 milhões
2007	312,5 milhões	31,3 milhões

Tabela 2: valores reportados pelas maiores companhias fonográficas operantes no Brasil à ABPD.

Como podemos perceber, ao longo do período em análise o consumo caiu expressivamente, fazendo com que, em menos de 10 anos, a indústria fonográfica brasileira registrasse uma queda de movimentação financeira da ordem de 50%. Fica claro que a experiência do consumo da música foi sensivelmente alterada nas últimas duas décadas, tema da próxima seção do texto.

O compartilhamento

Diferentemente dos pontos anteriores, que foram sequenciados inicialmente com o nome do aparelho de reprodução sonora do período em questão e posteriormente pelo nome do principal suporte físico de música, optamos por chamar esse ponto de "compartilhamento", ao invés de dar continuidade e discutir cada suporte virtual contemporâneo de veiculação musical. Primeiramente porque seria uma tarefa demasiada longa e possivelmente repetitiva, uma vez que a todo instante surgem novos suportes e programas capazes de reproduzir e compartilhar música, e que no entanto funcionam praticamente sob o mesmo princípio. A especificidade de cada um dos suportes advindos desse processo de virtualização não é nosso enfoque, já que eles não têm um papel preponderante separadamente dentro da indústria: eles funcionam sim, como um modelo que reformulou o mercado da música dentro de um contexto digital, pautado sobretudo no desenvolvimento e na popularização da internet. Nosso objetivo é, portanto, destacar a emergência de uma nova lógica de produção e consumo, favorecida mais uma vez pelo desenvolvimento tecnológico e capaz de alterar significativamente os modos de se fazer e usufruir da música.

O espaço de tempo que cada suporte virtual – como programas, sites e ferramentas de compartilhamento - figurou como novidade nas últimas duas décadas é muito curto para discutirmos cada um deles separadamente – tipo de abordagem que adotamos neste artigo. Vale, contudo, demarcar ao menos o surgimento do Napster como ponto de partida da discussão, já que a ferramenta foi capaz de fazer toda a indústria fonográfica se repensar enquanto modelo de negócio.

Quando apareceu na internet em 1999, o Napster tornou-se o primeiro programa massivo para compartilhamento de música no formato MP3. Seu funcionamento era par-a-par (ou popularmente chamado pela sigla P2P): cada usuário baixava as músicas diretamente do computador de outro usuário, ao mesmo tempo em que disponibilizava as músicas armazenadas no disco rígido de seu computador para quem estivesse online - ou seja, os usuários trocavam arquivos entre si, sem qualquer tipo de intermediário e sem custos, bastando estarem conectados à internet e terem o programa instalado em seus respectivos computadores.

Dessa forma, surgiu uma grande rede global com milhares de músicas disponíveis que poderiam ser trocadas a custo zero. Estima-se que 8 milhões de usuários em todo o mundo trocavam um volume de 20 milhões de canções por dia. Em 2001, porém, o Napster, que havia se tornado uma empresa no ano anterior, acabou fechando, pois não resistiu às ações judiciais das corporações fonográficas e também de músicos que não admitiam a troca de arquivos de áudio que eram protegidos por lei, ambos alegando a promoção da pirataria.

O fato é que o Napster entrou para a história como o programa pioneiro de compartilhamento de arquivos digitais/virtuais e mudou para sempre a forma de estruturação e atuação das empresas fonográficas. Shawn Fanning, jovem programador que em 1999 tinha 19 anos de idade, foi o responsável por abalar o modo de funcionamento das grandes corporações fonográficas ao criar o Napster, epicentro das mudanças que viriam a estremecer as majors em todo o mundo.

A partir disso, outros diversos programas começam a aparecer, a exemplo dos também populares eMule e

Bittorrent, cada um com suas particularidades e adendos, porém, todos funcionando sob o mesmo princípio das idéias difundidas por Shawn Fanning. Como sabemos, a popularização dessas ferramentas aconteceu no bojo da instalação da cibercultura no início da última década, que promoveu a ideia do compartilhamento da informação e apresentou um contraponto à clássica dinâmica da indústria cultural. O boom das redes sociais nesse período – que, no Brasil, foi protagonizado pela rede Orkut - abriu espaço para a postagem de músicas e imagens, numa lógica de livre troca de conteúdos entre usuários conectados que seria a tônica dos desenvolvimentos tecnológicos posteriores.

Dentro desse contexto, a rede social MySpace, surgida em 2003, acabou chamando a atenção de músicos justamente por possuir aplicativos habilitados a hospedar arquivos MP3 – formato de compactação de arquivos de áudio que se tornou o mais popular da internet. O que inicialmente foi percebido como potencial apenas por músicos e bandas do cenário independente interessados em mostrarem seus trabalhos ganhou projeção possivelmente maior do que se esperava e passou a contar com músicos consagrados do cenário nacional e internacional. O MySpace subverteu o esquema concentrado de divulgação da indústria fonográfica, e gradativamente se tornou um suporte importante para a difusão de novas produções até de artistas de grande popularidade. Estar dentro das redes sociais e de tais plataformas digitais de comunicação e interação social gradativamente passou a fazer parte do que muitas empresas chamam de marketing digital, ou seja, uma estratégia de marketing voltada para a internet e o mundo virtual.

Em 2008, André Midani, um dos principais nomes da indústria fonográfica brasileira do século XX, deu o seguinte título ao livro em que conta suas memórias autobiográficas: *Música, ídolos e poder: do vinil ao download*. Midani definia assim o download como ponto de chegada da história da música que poderia ser compreendida por meio de sua relação com a indústria. No estágio do download, a materialidade que objetificou a música na indústria fonográfica – da goma laca às fitas magnéticas, dos cilindros de cera ao vinil – seria substituído pelas redes P2P e pelos programas de compressão de arquivos de áudio. Cabe lembrar que o MP3, o formato que se popularizou para a troca de músicas na internet, viabilizou essa revolução ao comprimir em 12 vezes o tamanho de um arquivo WAV, formato original da música gravada em um CD comercial.

Destacamos assim a virtualização que impacta a experiência da música a partir da internet: falamos de um momento em que se tornou possível carregar a discografia completa de um artista dentro de um celular, por exemplo. Esse processo histórico tem levado artistas dos mais diferentes estilos a lançarem músicas ou álbuns primeiramente pela internet para em seguida lançarem na forma tradicional, isto é, em suportes físicos. Noutras vezes, sequer o disco físico chega a existir: disponibilizados nos sites oficiais dos artistas ou colocados à venda em lojas virtuais, os álbuns tornam-se uma mera compilação de arquivos. A proposta artística/estética de cada disco, assim, antes impressa nos encartes, passa muitas vezes a ser compartilhada sob outros suportes, como hotsites ou páginas especiais que trazem fotos e informações daquela produção.

A música é mais um produto entre milhares que foram afetados pelo desenvolvimento e pela popularização da internet. Não se trata, portanto, de um rompimento histórico exclusivo da música. Outros meios foram igualmente afetados, sofrendo grandes impactos, como a imprensa escrita e o cinema. Porém, a música traz uma modificação muito particular, pois dentro de um espaço de tempo muito curto o acesso e a disponibilidade a um acervo em escala global se encontra, a priori, disponível para qualquer pessoa que tenha acesso à internet. Podemos nos dar ao luxo de conhecer e pesquisar obras dos mais variados gêneros sem sair de casa e, principalmente, sem ter que pagar por isso, utilizando ferramentas ainda populares, como Bittorrent ou sites de download de música.

De certa maneira, podemos dizer que o barateamento do acesso - e não só o abandono do suporte físico - é tão importante quanto a própria separação da música do seu suporte. Pois de nada adiantaria essa cisão sem a possibilidade de acesso em massa por parte dos consumidores. Se antes a indústria fonográfica ditava as regras do mercado e principalmente o preço de seus produtos, com a virtualização entramos numa nova era: a das empresas de telecomunicações, sem as quais o acesso ou consumo de música é fortemente prejudicado.

Por outro lado, pontos cruciais dessa transformação já apareciam em épocas anteriores à cisão da música do seu suporte físico, tema das considerações a seguir.

Considerações finais

É interessante atentarmos para o fato de que muitas das "novidades" surgidas no mundo digital foram esboçadas ao menos desde os anos 1970, período de popularização das fitas K7. As fitas K7, conforme já apontado, deram a possibilidade, pela primeira vez na história da indústria fonográfica, da maior e melhor portabilidade da música, e permitiram ao consumidor gravar as músicas de seu interesse de forma independente – abrindo a possibilidade de fuga do formato do álbum fechado. Portanto, parte do que a tecnologia digital dos CDs permitiu já estava disponível na década de 1970, ou seja, ao menos os meios em si já estavam presentes naqueles anos.

Processos semelhantes também acontecem com os novos suportes ou novas mídias: parte da liberdade pregada por muitos pesquisadores já estava presente anos antes. É claro que numa escala menor e sem criar a revolução nos modos de produção e consumo como aconteceu nos últimos anos. Algo semelhante acontece com o consumo unitário de música - que muitos dizem ser uma forma de negação do formato álbum - que já podia ser exercido naquele momento, assim como a reprodução caseira ou mesmo comercial de qualquer música, a partir das fitas K7. É justamente essa uma das linhas de raciocínio defendida por Jenkins (2009) em *Cultura da convergência*, no qual o autor mostra como os diferentes suportes de mídia conseguem conviver entre si e, ao contrário do que muitas vezes é levantado ou questionado, essas diferentes mídias não se excluem, elas coexistem e em certos casos se complementam.

Assim, mesmo sabendo que as formas de produção, disponibilização e os meios de consumo da música sofreram grandes mudanças, vale pontuar que muitos dos fins continuam sendo exercidos de forma semelhante: os amantes da música continuam copiando seus discos ou músicas preferidas de forma caseira, continuam ouvindo música de forma individual (mas também coletiva), continuam tentando escapar à ditadura do mercado (que ainda é forte e legitimadora) e continuam, por fim, sendo direcionados pelo próprio mercado através de suas múltiplas atuações, incluindo a própria internet. Se de fato superamos um modelo estritamente industrial de produção e distribuição de gravações, é um engano pensar que vivemos uma total independência na experiência com a música: nossos padrões de gosto e expectativas estéticas continuam sendo definidos por um mercado de bens simbólicos, que tende agora a atuar sob a lógica do nicho.

No que se refere a consumo, a grande mudança é a facilidade e o acesso a um catálogo infinito de ofertas musicais que se encontram disponíveis na internet. No que se refere aos meios de produção e disponibilização, os músicos de hoje, sejam profissionais ou amadores, têm a possibilidade de produzir seus trabalhos por um preço módico se comparado à realidade dos anos 1980, por exemplo. Isso lembra aquela antiga brincadeira infantil do feitiço contra o feiticeiro: a indústria perdeu o controle dos mecanismos existentes, criados, em parte, por ela mesma.

Contudo, seria inocência de nossa parte pensar que a indústria é apenas uma vítima dessa realidade, pois não é: ela já faz um bom uso desses mecanismos e também está aprendendo a lidar e jogar com essa realidade, muitas vezes trazendo para o seu catálogo músicos/bandas que despontaram pelos canais virtuais e que possuem, por assim dizer, um público fiel e garantido. E não se vê muitos(as) músicos/bandas recusarem os velhos meios de produção: eles acabam se rendendo ao mercado fonográfico e sendo contratados pelas gravadoras, que hoje já tentam fazer contratos com participação na bilheteria dos shows, alegando a queda na venda de CDs.

Por fim, acreditamos que, no que se refere à música, muitas possibilidades já estavam presentes antes mesmo da criação do universo digital/virtual. Talvez o melhor fosse dizer que o universo digital/virtual remodulou e melhorou muitos dos meios que se encontravam disponíveis e, certamente, acrescentou outras tantas possibilidades e popularizou, a partir digitalização/virtualização e da facilidade propiciada pela internet, os mecanismos de produção e principalmente de compartilhamento de conteúdos. No entanto, até o presente momento não se vê nenhuma mudança em dois dos principais formatos impostos pela indústria cultural: o formato álbum e o tempo de duração das músicas comerciais, que continuam os mesmos desde o início da indústria fonográfica, formatos-base que parecem que continuarão por muito tempo.

Por outro lado, a cultura digital/virtual da música está fazendo reflorescer práticas como o consumo unitário de música e a criação de álbuns particulares em detrimento dos álbuns fechados das gravadoras – possibilidades essas que, como falamos, surgiram com as fitas K7. Estão também fazendo surgir e crescer o número de artistas independentes.

Cabe lembrar ainda o retorno talvez nostálgico que a digitalização/virtualização exacerbada da música está trazendo: o retorno do LP e a reativação de uma indústria que havia sido ultrapassada pela tecnologia. Diante disso podemos nos perguntar até mesmo se o CD irá desaparecer. Possivelmente não... E podemos finalizar nos questionando: quando, de fato, os padrões impostos pela indústria serão alterados ou pensados a ponto de reformular toda a padronização da música comercial? Porque até agora mudaram os meios: o formato e padronização parecem continuar os mesmos.

Referências

ADORNO, Theodor W.; HORKHEIMER, Max. A indústria cultural. O iluminismo como mistificação de massas. In: LIMA, Luiz Costa (org.). **Teoria da cultura de massa**. Rio de Janeiro: Paz e Terra, 1990.

ARAÚJO, Paulo Cesar. **Roberto Carlos em detalhes**. São Paulo: Planeta, 2006.

ARAÚJO, Valterlei Borges. **Novos modelos de produção musical e consumo:** um estudo sobre as mudanças ocorridas com o advento das plataformas digitais. Niterói: EdUFF, 2014.

BENJAMIN, Walter. A obra de arte na época de sua reprodutibilidade técnica. In: BENJAMIN, Walter. **Obras escolhidas**. São Paulo: Brasiliense, 1987.

CARVALHO, Alice Tomaz; RIOS, Riverson. O MP3 e o fim da ditadura do álbum comercial. In: PERPETUO, Irineu Franco; SILVEIRA, Sergio Amadeu (Orgs.). **O futuro da música depois da morte do CD**. São Paulo: Momento Editorial, 2009.

CROWL, Harry. A criação musical erudita e a evolução das mídias: dos antigos 78 rpm à era do pós-CD. In: PERPETUO, Irineu Franco; SILVEIRA, Sergio Amadeu (Orgs.). **O futuro da música depois da morte do CD**. São Paulo: Momento Editorial, 2009.

GAVIN, Charles. In: DAPIEVE, Arthur. A volta do discão de plástico preto. **Revista Bravo**, n° 128, p. 42-47, abril de 2008. São Paulo: Editora Abril, 2008.

JENKINS, Henry. **Cultura da convergência**. São Paulo: Aleph, 2009.

KEIGHTLEY, K. Long Play: adult-oriented popular music and the temporal logics of the post-war sound recording industry in the U.S.A. In: **Media, culture & society**, vol. 26, 375-391. London, Thousand Oaks, New Delhi, 2004.

MAGOUN, A. B. The origins of the 45-rpm record at RCA Victor, 1939-1948. In: BRAUN, H. (org.) **Music and technology in the twentieth century**. Baltimore and London: John Hopkins Univ. Press, p. 148-157, 2002.

MIDANI, André. **Música, ídolos e poder** – do vinil ao download. Rio de Janeiro: Nova Fronteira, 2009.

MILES, S. Sony Walkman named best gadget of last 50 years. **Pocket-lint**, UK, 28 de dezembro de 2005 [http://www.pocketlint.co.uk/news/news.phtml/2134/3158/vie w.phtml].

MILLARD, A. Tape recording and music making. In: BRAUN, H. (org.) **Music and technology in the twentieth century**.

Baltimore and London: John Hopkins Univ. Press, p. 158-167, 2002.

PERPETUO, Irineu Franco; SILVEIRA, Sergio Amadeu (Orgs.). **O futuro da música depois da morte do CD**. São Paulo: Momento Editorial, 2009.

SÁ, Simone Pereira. O CD morreu? Viva o vinil! In: PERPETUO, Irineu Franco; SILVEIRA, Sergio Amadeu (Orgs.). **O futuro da música depois da morte do CD**. São Paulo: Momento Editorial, 2009.

SCHIMIDT, Pena. E agora, o que eu faço com meu disco? In: PERPETUO, Irineu Franco; SILVEIRA, Sergio Amadeu (Orgs.). **O futuro da música depois da morte do CD**. São Paulo: Momento Editorial, 2009.

SHUKER, R. **Vocabulário de música pop**. São Paulo: Ed. Hedra, 1999.

TINHORÃO, José Ramos. **História social da música popular brasileira**. São Paulo: Editora 34, 1998.

REGIONALISMO E IDENTIDADE NA OBRA DE VITOR RAMIL: UMA ANÁLISE DO DISCO DÉLIBÁB[35]

Introdução

O presente artigo aborda algumas das produções musicais que estão ocorrendo na Bacia Platina, que engloba o sul do Brasil, mais especificamente o Rio Grande do Sul, o Uruguai e parte da Argentina. Entendemos que há uma vertente da música popular produzida nesse território que sofre influência do espaço geográfico platino, refletindo características identitárias comuns aos três países.

É possível verificar aspectos semelhantes no trabalho de alguns músicos da região, como os irmãos uruguaios Daniel e Jorge Drexler, o argentino Kevin Johansen e o brasileiro Vitor Ramil, foco deste trabalho. Não por acaso, a relação os músicos da região se intensifica a partir de um ensaio publicado por Ramil, como falaremos a seguir.

---

[35] Originalmente escrito em 2012. Publicado no periódico **Trama: Indústria Criativa em Revista**, em 2017.

Poderíamos elencar outros músicos, à maneira dos já apontados, que partilham de uma gama semelhante de proximidades musicais e regionais. Aos olhos dos observadores distantes, parece haver ali um movimento que, mesmo informalmente, vem sendo chamado pelos *hermanos* de *Templadismo*. O *Templadismo*, na verdade, é um termo que surge posteriormente à publicação do ensaio *A estética do frio* (2004)[36], do compositor, cantor e escritor gaúcho Vitor Ramil. Entre os músicos não há reconhecidamente um movimento, mas o que poderíamos chamar aqui, provisoriamente, de aproximação ou afinidade musical platina.

Percebe-se que Ramil tem uma influência decisória sobre o processo que vem se desenvolvendo em torno desses compositores. *A estética do frio*, publicado originalmente em 1993 na revista *Nós, os gaúchos*, ganhou repercussão para além das fronteiras brasileiras e chegou às mãos de compositores uruguaios e argentinos, que perceberam no

---

[36] A primeira versão do ensaio **A estética do frio** foi publicada em 1993, na revista **Nós, os gaúchos**, da UFRGS. A versão final do ensaio foi publicada em livro em 2004. Para este trabalho, optamos por usar a versão final.

pensamento de Ramil algo comum à produção cultural daquela região.

Em entrevistas a jornais, os irmãos uruguaios Daniel e Jorge Drexler falaram abertamente da influência do ensaio de Ramil sobre a ideia germinal do termo *Templadismo*, ainda que os mesmos digam que não se trata de um movimento, mas sim de uma "ferramenta de agitação cultural"[37]. Essa posição também é partilhada por Ramil na medida em que o autor evidencia que *A estética do frio* é uma ideia em constante movimento ou algo como a própria identidade em contínua construção.

No referido ensaio, Ramil aponta as diferenças entre o que chama de "estética quente" e "estética fria", e acredita que a produção cultural brasileira está majoritariamente representada por uma "estética quente". Objetivando demonstrar como o Rio Grande do Sul é um estado que fica à margem da brasilidade conhecida e vendida internacionalmente pela mídia, Ramil apresenta um "outro

---

[37] Entrevista de Daniel Drexler ao jornal argentino **Página 12**. Edição *online* de 15 jun. 2006. Disponível em: <http://www.pagina12.com.ar/diario/suplementos/espectaculos/3-2848-2006-06-15.html>. Acesso em: 12 jun. 2017. Ver também: PANITZ, 2010.

país" desconhecido pela maior parte dos brasileiros e pouco falado em terras estrangeiras.

A estética do frio se coloca como um marco divisor na carreira de Ramil e no processo criativo e de posicionamento dos músicos que estavam surgindo na primeira metade da década de 1990 naquela região. Percebe-se que havia alguns pontos em comum que aproximavam essa região geográfica e culturalmente, como o clima frio, as estações do ano bem definidas, os pampas, a figura do gaúcho (ou *gaucho*) e a música, que poderia ser sintetizada sobretudo na milonga, ritmo comum aos três países. Especificamente no caso da música, é importante observar que essa produção raramente consegue chegar ao "Brasil quente", geralmente ficando restrita àquele território. A música produzida no "Brasil quente", por sua vez, consegue fazer-se conhecida e circular não só no sul do Brasil mas também na Argentina e no Uruguai.

Voltando ao termo inicial abordado, o *Templadismo* surge a partir de uma entrevista informal dada pelos irmãos e músicos Daniel e Jorge Drexler ao jornal argentino *Página 12*. A concepção, que inicialmente ganha repercussão a partir da entrevista, começa a desencadear pontos de interseção com *A estética do frio* e com outros movimentos brasileiros. Segundo os autores, o *Templadismo* seria uma espécie de *Tropicalismo do sul latino-americano* ou *Subtropicalismo* – fazendo uma alusão à *Tropicália*. Por sua vez, Ramil fala em uma de suas entrevistas[38] que esse "ismo" lhe causa um certo medo na medida em que parece carregar um tom definitivo (por isso nunca pensou em usar esse sufixo no título do seu ensaio) e que de certa forma o *Templadismo* soa como uma oposição ao *Tropicalismo*, pois não tem interesse em dialogar com diversos estilos musicais, como inicialmente ocorreu com a *Tropicália*. Pelo contrário, a música que interessa a esses compositores é aquela que carrega um tom mais intimista e que consegue transmitir referências simbólicas dos pampas.

Na versão ampliada do ensaio publicada em 2004, Ramil já faz menção ao *Templadismo* como repercussão de suas propostas no Uruguai. Especialmente depois da publicação d'*A estética do frio*, fica mais evidente a interseção na produção e no pensamento de alguns músicos da região platina. Talvez a aproximação já existisse, mas um dos

---

[38] Disponível em: <http://catavital.blogspot.com/2009/03/entrevista-vitor-ramil-la-milonga-que.html>. Acesso em: 12 jun. 2017.

grandes méritos de Ramil é fazer esse apontamento de forma objetiva, ampliando a repercussão da relação. Especialmente a partir desse momento, as parcerias e trocas ganham força, de modo que os intercâmbios musicais passam a ficar mais intensos e o produto resultante dessa relação ganha traços que permitem identificar ali uma estética como forma de identidade local.

Lucas Panitz, geógrafo gaúcho que pesquisa as relações da paisagem geográfica platina na música popular, aborda em um dos seus trabalhos a relação d'*A estética do frio* e do *Templadismo* e as imbricações na música de Ramil e dos irmãos Daniel e Jorge Drexler, respectivamente. Para o geógrafo, assim como Ramil apontou em sua análise, essa relação se dá sobretudo na milonga, ritmo comum à região:

> As semelhanças entre tais concepções transparecem em vários momentos. A milonga, por exemplo, ritmo regional historicamente situado no espaço platino, possui tais características apontadas pelos músicos – tom menor, reflexiva, ou seja, profundamente conectada com sentimentos, distribuição geográfica que não se limita às fronteiras nacionais. Outras analogias são tomadas por ambos: leveza, melancolia, climas calmos, "sem muita variedade timbrística" ou *no excesso* – são atribuições à paisagem e ao temário da milonga. Há, portanto, no discurso de ambos, uma condição naturalizante das características compartilhadas entre a milonga e a paisagem platina:

a pouca variedade timbrística e limpeza simbolizando a vastidão do pampa, uma paisagem pastoril de poucos elementos constitutivos etc. (PANITZ, 2008, p.8).

O que o pesquisador aponta pode ser explicitado na música homônima de Ramil, conforme letra a seguir:

Fiz a milonga em sete cidades
Rigor, Profundidade, Clareza
Em Concisão, Pureza, Leveza
E Melancolia

Milonga é feita solta no tempo
Jamais milonga solta no espaço
Sete cidades frias são sua morada

Em Clareza
O pampa infinito e exato me fez andar
Em Rigor eu me entreguei
Aos caminhos mais sutis
Em Profundidade
A minha alma eu encontrei
E me vi em mim

Fiz a milonga em sete cidades
Rigor, Profundidade, Clareza
Em Concisão, Pureza, Leveza
E Melancolia

A voz de um milongueiro não morre
Não vai embora em nuvem que passa
Sete cidades frias são sua morada

Concisão tem pátios pequenos
Onde o universo eu vi

Em Pureza fui sonhar
Em Leveza o céu se abriu
Em Melancolia
A minha alma me sorriu
E eu me vi feliz

"Milonga de sete cidades – A estética do frio", do disco *Ramilonga* (1997).

A composição de Ramil soa como uma canção-manifesto, não só por ser uma milonga, mas também por trazer as sete características defendidas pelo autor em seu ensaio: rigor, profundidade, clareza, concisão, pureza, leveza e melancolia. As sete cidades frias de Ramil demarcam o tipo de canção que se pretende fazer. Como apontou Panitz, é interessante perceber que a paisagem geográfica dos pampas platinos está presente na composição.

É por estar voltado especificamente para o sul e por dialogar diretamente com as tradições locais que os *Templadistas* possuem seus contornos mais delineados, sem permitir tanto ecletismo quanto queria a *Tropicália*. Embora com um espírito de renovação em alguns aspectos semelhantes, os compositores sulistas não estão buscando uma matriz da música brasileira já estabelecida para dialogar a partir dela com outros universos, mas sim tentando buscar suas próprias raízes, que para Ramil não são as mesmas raízes do "Brasil quente".

No entanto, parece-nos que o tipo de abordagem que os compositores sulistas estão fazendo com a milonga, especialmente o trabalho que vem sendo desenvolvido por Vitor Ramil, traz uma roupagem nova, contemporânea talvez, de um gênero com muitos traços regionalistas. O trabalho do compositor consegue senão quebrar, pelo menos diminuir consideravelmente essas barreiras, o que pode ser verificado especialmente no último disco de Ramil, como veremos adiante.

Não é por acaso que os músicos apontados neste artigo têm familiaridade com a milonga, visto que esse é talvez o ritmo mais representativo da região dos pampas. Ramil aborda o assunto em seu ensaio em diversos momentos, inclusive dizendo que

> Assim como o gaúcho e o pampa, a milonga é comum ao Rio Grande do Sul, Uruguai e Argentina, inexistindo no resto do Brasil. [...] A milonga me soava uma poderosa sugestão de unidade, a expressão musical e poética do frio por excelência (RAMIL, 2004, p. 21-22).

A materialização do ensaio *A estética do frio*, em termos musicais, ocorre no disco *Ramilonga – A estética do frio*, de 1997, primeiro trabalho de Ramil dedicado exclusivamente à milonga.

Torna-se necessário e importante dizer que toda a reformulação conceitual do trabalho de Ramil inicia-se depois de um período de cinco anos em que o compositor viveu no Rio de Janeiro. É percebendo de forma direta esse contraste e seu deslocamento sociocultural em relação ao "Brasil quente", que Ramil volta-se para suas origens culturais e retorna à cidade de Pelotas, Rio Grande Sul, onde vive até hoje. A crise de identidade e sua dificuldade de inserção no modo de vida do Brasil que é exportado, mais do que a música em si, foi um dos pontos que o levou a dar a guinada referencial em sua carreira e, portanto, em sua produção.

O Rio Grande do Sul, e de forma geral os pampas (não só o pampa gaúcho, mas a região dos pampas como um todo, que também é comum à Bacia Platina), desde então passa a estar mais presente – agora de forma intencional – em seus trabalhos, tanto de músico como de escritor[39].

A questão da identidade

Os estudos em torno do tema de identidade têm mostrado de modo recorrente que a suposta homogeneização provocada no mundo contemporâneo vem provocando diversas crises identitárias, tanto em termos individuais quanto em termos coletivos. Os exemplos e os motivos são diversos, mas como eixo comum observa-as a crise identitária do indivíduo contemporâneo na medida em que as marcas que o distinguiam em sociedade, ou ainda, as marcas que o ligavam a um determinado grupo, passam a enfraquecer frente à homogeneização cultural, ideia que está diretamente ligada ao encurtamento do espaço-tempo.

Não pretendemos discorrer aqui sobre os motivos que levam a esse encurtamento, porém, é sabido que a noção espaço-temporal vem sendo mudada continuamente nas últimas

---

[39] Vitor Ramil possui três livros publicados: RAMIL, Vitor. **Pequod**. Porto Alegre: Artes e Ofícios, 1995; RAMIL, Vitor. **Satolep**. São Paulo: Cosac Naify, 2008; RAMIL, Vitor. **A primavera da pontuação**. São Paulo: Cosac Naify, 2014.

décadas, especialmente devido à facilidade de mobilidade em grandes distâncias e ao desenvolvimento dos meios comunicacionais, que parecem evoluir no sentido de extinguirem os espaços geográficos. Essa mudança de percepção aliada à facilidade e à ampliação das trocas de informações, em muitos casos, coloca o indivíduo em crise por tentar ressituá-lo dentro de um terreno ainda não solidificado, por isso carregado de incertezas.

Cabe lembrar, no entanto, que essa visão pode se tornar simplista ou mesmo ingênua, na medida em que parece haver uma nova articulação entre o "global" e o "local", conforme aponta Stuart Hall:

> Há juntamente com o impacto do 'global', um novo interesse pelo 'local'. A globalização (na forma da especialização flexível e da estratégia de criação de 'nichos' de mercado), na verdade, explora a diferenciação local. Assim, ao invés de pensar no global como 'substituindo' o local, seria mais acurado pensar numa nova articulação entre 'o global' e 'o local'. Este 'local' não deve, naturalmente, ser confundido com velhas identidades, firmemente enraizadas em localidades bem delimitadas. Em vez disso, ele atua no interior da lógica da globalização (HALL, 2002, p. 77-78).

Parece-nos que o trabalho de Ramil se insere nessa nova articulação não só pelo produto resultante - a música popular - trazer as características do "global" e do "local", mas também por haver ali uma lógica contemporânea da globalização, conforme aponta Stuart Hall. Essa lógica está presente na medida em que a articulação consegue atingir nichos de mercado, quando se fala em consumo, e nichos de interesse, por exemplo, o acadêmico. Articular esses pontos enriquece nosso ponto de vista por inserir o trabalho desses compositores dentro do âmbito macro da reformulação das identidades contemporâneas.

É importante lembrar que as esferas organizacionais da sociedade parecem estar caminhando em sentido contrário aos sistemas que se unificam. Como ressaltado no texto introdutório do trabalho de Fredric Jameson (1997) - teórico norte-americano que defende a ideia que no pós-modernismo a "cultura" se tornou um produto -, há uma perda da historicidade, tamanha fragmentação pela qual estamos passando:

> No mundo do fragmento, é preciso fazer como os bancos e bolsas de valores, isto é, aprender a totalizar. Uma das tarefas básicas hoje é discernir as formas de nossa inserção como indivíduos em um conjunto multidimensional de realidades percebidas como

radicalmente descontínuas (COSTA e CEVASCO, 1997, p. 6).

A estética do frio surge como resultado de uma crise identitária pessoal do autor, por não se sentir pertencente ao que ele chama de "Brasil quente", porém, tampouco, sem deixar de ser brasileiro. Sua identidade é posta em questão na medida em que encontra certa dificuldade em expressar aquelas que em sua visão são algumas das principais características que poderiam distingui-lo ou identificá-lo como alguém pertencente a seu território de origem.

É durante sua permanência no Rio de Janeiro no final dos anos 1980 e início dos anos 1990 que Ramil começa a perceber mais fortemente sua identidade sulista, conforme declara a seguir:

> Em Copacabana, num dia muito quente do mês de junho (justamente quando começava o inverno no Brasil), eu tomava meu chimarrão e assistia, em um jornal na televisão, à transmissão de cenas de um carnaval fora de época, no Nordeste. [...] As imagens mostravam um caminhão de som que reunia à sua volta milhares de pessoas seminuas a dançar, cantar e suar sob o sol forte. O âncora do jornal, falando para todo o país de um estúdio localizado ali no Rio de Janeiro, descrevia a cena com um tom de absoluta normalidade, como se fosse natural que aquilo acontecesse em junho, como se o fato fizesse parte do

> dia a dia de todo brasileiro. Embora eu estivesse igualmente seminu e suando por causa do calor, não podia me imaginar atrás daquele caminhão como aquela gente, não me sentia motivado pelo espírito daquela festa. A seguir, o mesmo telejornal mostrou a chegada do frio no Sul, antecipando um inverno rigoroso. Vi o Rio Grande do Sul: campos cobertos de geada na luz branca da manhã, crianças escrevendo com o dedo no gelo depositado nos vidros dos carros, homens de poncho (um grosso agasalho de lã) andando de bicicleta, águas congeladas, a expectativa de neve na serra, um chimarrão fumegando tal qual o meu. Seminu e suando, reconheci imediatamente o lugar como meu, e desejei estar não em Copacabana, mas num avião rumo a Porto Alegre. O âncora, por sua vez, adotara um tom de quase incredulidade, descrevendo aquelas imagens do frio como se retratassem outro país (chegou a defini-las como de 'clima europeu') (RAMIL, 2004, p. 9).

É instigante observar como Ramil volta sua análise para os países vizinhos que fazem fronteira com o Rio de Grande do Sul (Uruguai e Argentina) e percebe mais claramente a relação de proximidade que possui com esses países. Se em relação ao "Brasil quente" o Rio Grande do Sul está simbolicamente excluído, em contraponto, existe uma proximidade muito grande, em termos culturais e geográficos, com os países platinos. Essa proximidade, ainda que já estivesse presente, mesmo subjetivamente, em trabalhos anteriores de Ramil, começa a entrar em pauta mais clara e objetivamente a partir da primeira versão do ensaio.

Ramil percebe o quanto sua identidade era fruto do entrelaçamento dessas culturas ao mesmo em tempo em que não conseguia ver-se representado nos polos irradiadores de cultura do Brasil. Ele nos diz:

> As fronteiras, tão móveis em nossa origem, pareciam ter mesmo grande importância nessa questão. Muitos de nós, rio-grandenses, consideravam-se mais uruguaios que brasileiros; outros tinham em Buenos Aires, Argentina, um referencial de grande polo irradiador de informação e cultura mais presente que São Paulo ou Rio de Janeiro. A produção cultural desses países nos chegava em abundância, o espanhol era quase uma segunda língua. Muitas palavras, assim como muitos costumes, eram iguais (RAMIL, 2005, p.14-15).

Cabe informar que quase todos os discos de Ramil foram gravados no Rio de Janeiro, um dos centros de produção fonográfica no país. É somente a partir do disco *Tambong* (2000), que essa atuação começa a mudar, quando Ramil passa a gravar seus discos em Buenos Aires e estreita ainda mais suas relações com músicos e produtores da Argentina e do Uruguai. Além da mudança física do compositor, que volta a morar no Rio Grande do Sul, há também um deslocamento do seu modo de produção e de sua equipe técnica.

O "Brasil quente" agora é consumidor da produção musical e de suas ideias enquanto pensador da cultura gaúcha, reforçando o que disse Hall sobre a flexibilização do mundo globalizado no mercado de nichos. Seria a música de Ramil um produto resultante desse modelo de operação flexível do capital? Ou ainda: estaria seu trabalho voltado para um mercado de nicho ou o compositor consegue quebrar essa barreira ao unir o "global" e o "local"?

A seguir faremos uma análise de seu último disco para tentar responder essas e outras questões pertinentes.

Délibáb

O último disco de canções inéditas de Vitor Ramil, intitulado *Délibáb* (2010), a exemplo do que falamos anteriormente, foi produzido em Buenos Aires, inclusive contando com músicos e técnicos argentinos envolvidos em todo o processo de gravação.

Não bastasse as mudanças conceituais que todo o seu trabalho vem sofrendo, nesse disco o compositor ousou ainda mais ao gravar um disco inteiramente dedicado à milonga, com poemas musicados do argentino Jorge Luis Borges e do brasileiro João da Cunha Vargas. Borges, escritor culto, canônico, conhecido pela sua escrita universal, e João da Cunha Vargas, poeta popular, regionalista, do interior do Rio Grande do Sul, juntos, no mesmo disco. Vargas tem apenas um único livro lançado postumamente, editado a partir dos poemas que o autor deixou registrado em fitas K7.

O que inicialmente poderia ser um disco desconexo em seu conteúdo, gera uma surpresa ao ouvinte, especialmente porque há no trabalho uma coesão singular de forma e conteúdo. Embora o universo cultural dos dois poetas seja completamente diverso, eles possuem em comum o vínculo regional com os pampas, o que transparece no trabalho.

Guardadas suas particularidades linguísticas e variações de estilo, Ramil conseguiu, a partir da canção, encontrar um contraponto perfeito entre a formalidade de Borges, escritor globalizado, e a regionalidade de João da Cunha Vargas, poeta popular e interiorano. No caso de Borges, os poemas musicados foram retirados do livro *Para las seis cuerdas*, de 1965, e no caso de Vargas do livro *Deixando o pago: poemas xucros*, de 1981.

O livro de Borges, como sugere o título, possui somente poemas no formato de milongas. Talvez o correto fosse chamar esses poemas de composições, como sugere o próprio Borges no prólogo:

> No caso modesto de minhas milongas, o leitor deve suprir a música ausente com a imagem de um homem que cantarola na entrada de seu vestíbulo ou em um armazém, acompanhando-se à guitarra. A mão demora-se nas cordas e as palavras contam menos que os acordes (BORGES, 1965, prólogo).

O livro de Vargas traz a coloquialidade de um poeta popular, sobretudo de um poeta do povo, que canta o cotidiano a partir da linguagem falada no dia a dia do interior do Rio Grande do Sul.

A riqueza de Ramil está em unir esses dois trabalhos aparentemente tão díspares de forma que o ouvinte passe de uma canção para outra sem perceber claramente as nuances da composição. Embora elas estejam presentes, Ramil consegue fazer com que esse contraponto agregue valor às canções. A diferença que poderia ser um fator de negação entre um autor e outro foi trabalhada de forma a colocá-los no mesmo patamar de importância, enquanto compositores. A música de Ramil e sua interpretação vocal, sem dúvida ajudam nesse ponto, criando uma atmosfera particular para cada autor, mas que é conjugada de forma enriquecedora para o trabalho.

A conjugação é tamanha que o pedido que Borges faz ao leitor no prólogo de seu livro, para suprir a música ausente, fica mais do que evidente. A música de Ramil se conjuga tão perfeitamente aos poemas que após ouvir o disco algumas vezes fica impossível (re)ler os poemas de Borges, e em menor proporção também os de Vargas, sem que a música, mentalmente, se una ao poema. Ramil, consegue, ao nosso ver, uma simbiose perfeita entre poema e música, de modo que o produto resultante desse encontro é a canção: não mais o poema ou a música, mas a canção. A canção ganha vida e o poema, que é parte do que compõe a canção, também ganha uma nova roupagem para o leitor. *Délibáb* transforma os poemas dos autores em outra obra: são poemas-canções. E pela própria capilaridade que a música popular possui enquanto produto, os poetas conseguem atingir um público mais amplo a partir da voz de Ramil, e deixam de ficar restritos aos meios literários.

No caso de Borges, Ramil traz à tona uma obra pouco falada do autor. No caso de Vargas, ousaríamos dizer que ele dá vida ao autor, na medida em que apresenta sua obra para o grande público. Mesmo no Rio Grande do Sul, Vargas não era um poeta lido, tampouco em outros estados. Vargas nunca escreveu seus versos. Eles são, em essência, poemas orais, para serem recitados. Essa repercussão, proporcionada pela canção, tem inclusive desdobramentos mercadológicos, pois o livro de Vargas virou raridade no mercado. O livro de Borges, pouco falado até então, é encontrado facilmente na internet para *download* gratuito (tanto em espanhol quanto em português). E aqui, mais uma vez, podemos lembrar a citação de Stuart Hall apontada anteriormente.

Abaixo temos um poema de João da Cunha Vargas do livro *Deixando o pago: poemas xucros* (1981) musicado no disco:

> Velho **porongo** crioulo,
> Te conheci no galpão,
> Trazendo meu chimarrão
> Com cheirinho de fumaça,
> Bebida amarga da raça
> Que adoça o meu coração.
>
> Bomba de prata cravada,
> Junto ao açude do **pago**,
> Quanta **china** ou índio vago
> Da água seu pensamento
> De alegria, sofrimento,
> De desengano ou afago.
>
> Te vejo na lata de erva
> Toda coberta de poeira,
> Na mão da **china** faceira
> Ou derredor do fogão,

Debruçado num **tição**
Ou recostado à chaleira.

Me acotovelo no joelho,
Me sento sobre o **garrão**
Ao pé do fogo de chão,
Vou repassando a memória
E não encontro na história
Quem te inventou, chimarrão.

Foi índio de pêlo duro,
Quando pisou neste **pago**,
Louco pra tomar um trago,
Trazia seca a garganta,
Provando a folha da planta,
Foi quem te fez mate-amargo.

Foste bebida selvagem
E hoje és tradição,
E só tu, meu chimarrão,
Que o gaúcho não despreza
Porque és o livro de reza
Que rezo junto ao fogão.

Embora frio ou lavado,
Ou que teu **topete** desande,
Minha alegria se espande
Ao ver-te assim meu troféu,
Quem te inventou foi pra o céu
E te deixou para o Rio Grande.

Chimarrão, de João da CunhaVargas (1981).

Conforme apontado, podemos perceber ao longo do poema a transposição da linguagem oral para linguagem escrita. A própria estrutura do poema, assim como seu ritmo, possuem uma cadência típica da linguagem oral, pois consegue envolver facilmente o ouvinte durante o seu desenvolvimento, e também por nos contar uma história, com início, meio e fim bem demarcados. Porém, quando transcritas e lidas somente enquanto poemas, o trabalho de João da Cunha Vargas parece perder um pouco da sua essência. Para o leitor, é como se o poema pudesse oferecer mais do que aquilo, mas a própria limitação do suporte (no caso, o papel impresso) limita a amplitude do trabalho.

É importante notar as diferenças e as características que cada suporte de veiculação pode agregar à "composição", pois quando se ouve Vargas musicado no disco de Ramil, nesse suporte, acompanhando por uma melodia e, portanto, transformada em canção, a poesia cresce, parece alcançar outros patamares para além daquele possibilitado no livro impresso.

Ainda que o trabalho de Vargas não tenha sido escrito com a intenção de ser musicado, sua estrutura de poesia oral associada à melodia e mais especificamente à milonga, ritmo típico gaúcho, gerou um produto rico no aspecto semântico e sonoro. Sobretudo, resultou em um trabalho que conseguiu reunir diversas peças que permitem identificar, a partir do foco de um produto cultural híbrido, no entanto típico da região platina, o conceito defendido n'*A estética do frio*, isto é, um produto cultural que representasse e trouxesse traços culturais do sul do Brasil. Esse tipo de composição dificilmente seria feito por uma pessoa que não estivesse imersa dentro daquela realidade.

No aspecto semântico, podemos identificar no poema algumas palavras típicas do regionalismo rio-grandense, como "porongo", "pago", "china", entre outras que destacamos em negrito na transcrição do poema. Além disso, percebe-se a proximidade de Vargas junto à cultura indígena da região, pois além das referências diretas no corpo do poema, o autor recorre a palavras derivadas do quíchua, como as já citadas "porongo" e "china".

Todos os poemas de Vargas musicados por Ramil, a exemplo de *Chimarrão*, trazem características muito semelhantes em termos de composição: a presença do regionalismo através do uso recorrente de temas da região; o uso frequente de palavras derivadas da tradição indígena; elaboração da composição estruturada a partir da linguagem oral; relação direta com as tradições gaúchas, especialmente as do interior.

A mim, como abordado acima, chama a atenção o fato de perceber como o poema impresso, para ser lido, ganha contornos muito diferentes do poema musicado (ou da canção). Isso não ocorre com os poemas de Borges, como veremos a seguir. No caso de Vargas, no entanto, seus poemas adequaram-se perfeitamente à proposta de Ramil, pois o compositor uniu a tradição da milonga a um trabalho que poderia ser chamado de regionalista. Além disso, Ramil coloca o poema a serviço do que ele se propõe: ser cantado. O ritmo da música, definitivamente, completa o poema. O ritmo e a música parecem trabalhar para dar sustentação ao trabalho do poeta, uma vez que o poema cresce enquanto canção e também enquanto parte do trabalho que compõe o disco. É curioso perceber que no caso de Vargas, o poema escrito parece estar desassociado do poema musicado (da canção). O poema *Chimarrão* é demasiadamente diferente da canção *Chimarrão*. Isso nos chama atenção pelo fato de perceber a contribuição da música na reestruturação do poema e mesmo na reformulação do poeta, até então muito pouco conhecido.

Vamos agora à análise de um dos poemas de Borges do livro *Para las seis cuerdas* (1965), também musicado no disco *Délibáb*:

> Allá por el Maldonado,
> que hoy corre escondido y ciego,
> allá por el barrio gris
> que cantó el pobre Carriego,
>
> tras una puerta entornada
> que da al patio de la parra,
> donde las noches oyeron
> el amor de la guitarra,
>
> habrá un cajón y al fondo
> dormirá con duro brillo,
> entre esas cosas que el tiempo
> sabe olvidar, un cuchillo.
>
> Fue de aquel Saverio Suárez,
> por más mentas el Chileno,
> que en garitos y elecciones
> probó siempre que era bueno.
>
> Los chicos, que son el diablo,
> lo buscarán con sigilo
> y probarán en la yema
> si no se ha mellado el filo.
>
> Cuántas veces habrá entrado
> en la carne de un cristiano
> y ahora está arrumbado y solo,
> a la espera de una mano,
>
> que es polvo. Tras el cristal
> que dora un sol amarillo,

> a través de años y casas,
> yo te estoy viendo, cuchillo.
>
> *Un cuchillo en el norte*, de Jorge Luis Borges
> (1965).

No caso de Borges, como é de se esperar de um dos maiores escritores latino-americanos do século XX, sua linguagem é refinada e erudita e seus temas são mais diversificados do que os de Vargas, que versa especialmente sobre a vida do gaúcho do interior do Rio Grande do Sul. No entanto, percebe-se em Borges, com certa frequência, a recorrência a temas como tragédia e morte. A faca, a exemplo do poema citado, é um objeto que aparece em vários de seus poemas-milongas.

A contradição entre os dois poetas é percebida especialmente nas letras. Os poemas de Borges, além de trazerem temas que poderíamos chamar de universais, foram pensados, escritos e estruturados como as letras das milongas. Estrutura e ritmo foram pensados como composição. Essa alusão está presente diretamente no título do livro e também no prólogo do autor, como citado. Os de Vargas, ao contrário, foram transformados em milongas. Eles não foram pensados como tal.

No caso de Borges, a melodia de Ramil entra para inserir a música que estava ausente nos poemas - mas que de alguma forma poderia ser imaginada, como sugeriu o próprio Borges. No caso de Vargas, a melodia é o suporte que conduz o "poema oral" ao canto, assim como fez o próprio autor, quando gravou seus versos em uma fita K7.

O que nos intriga nas composições selecionadas por Ramil para compor o disco *Délibáb* é perceber como cada poema musicado seguiu exatamente as "letras" de seus autores. Tanto no caso de Vargas como no de Borges, Ramil não fez nenhum tipo de adaptação nas letras: elas foram musicadas *ipsis litteris*, assim como a versão original publicada nos respectivos livros. Porém, é interessante perceber que, após ouvir o disco, quando relemos os poemas de Borges, fica muito difícil dissociar o poema da música. A impressão que temos é que o poema virou uma letra de música. Os poemas de Vargas, por sua vez, não carregam essa mesma impressão. Mesmo após o ouvir o disco, quando relemos Vargas, é como se poema e canção fossem objetos distintos. Parece-nos que a poesia e a canção (onde, canção = poesia + música) carregam suas respectivas particularidades. Ao reler Vargas, no poema citado, não ficamos ouvindo a música ao fundo.

Essas relações nos trazem algumas reflexões. Do lado de Borges, a primeira é perceber que os poemas de *Para las seis cuerdas* foram tratados com esse rótulo (de poesia) por serem frutos do trabalho de um escritor erudito (e não de um compositor popular); a segunda é perceber que o suporte físico do trabalho, no caso o livro, contribui em muito para sua categorização e classificação enquanto poesia. No entanto, quando Ramil toma a iniciativa de musicar esses poemas, é como se eles de fato estivessem sendo tratados com o propósito que foram criados, isto é, serem letras de canções populares. Do lado de Vargas, a postura de Ramil é semelhante, pois se os poemas nascem com a marca da oralidade, eles merecem ser cantados. E nada mais adequado do que a milonga, ritmo representativo do regionalismo gaúcho do qual o próprio Vargas fazia parte.

Para finalizar a análise das canções, cabe informar que no caso deste artigo, usamos como referência o poema *Un cuchillo en el norte*, de Borges, e o poema *Chimarrão*, de Vargas, no entanto, todos os poemas de *Para las seis cuerdas* e *Deixando o pago: poemas xucros*, respectivamente, estão dentro dessas mesmas características. Os dois poemas-canções servem aqui como ilustrações daquilo que poderia ser estendido a todo o disco.

Considerações finais

Esta breve análise de *Délibáb* revela o quanto a obra de Vitor Ramil pode acrescentar para o campo das discussões em torno da música popular e da poesia. Não obstante, seu trabalho perpassa por muitas questões em torno da flexibilização das identidades contemporâneas e suas implicações no campo da cultura, especialmente no campo da música popular.

Como abordamos no decorrer do trabalho, as relações musicais que ocorrem atualmente no sul do Brasil, no Uruguai e na Argentina são exemplos dos desdobramentos culturais provocados pelas reconfigurações do "local" e do "global". *A estética do frio* e o *Templadismo* são tentativas de reorganização dessas esferas. Tentativas, ao nosso ver, positivas.

As discussões em torno da poesia e da música popular, no entanto, mesmo em um trabalho muito bem resolvido como é o caso de *Délibáb*, continuam em aberto: poesia e letra de música popular são as mesmas coisas? Letra de música popular pode ser considerada poesia? Quando a poesia se torna letra e quando a letra se torna poesia?

O disco *Délibáb*, embora não solucione essas questões, nos ajuda a refletir na medida em que se estrutura única e exclusivamente a partir de "poemas-milongas", no caso de Borges, e de "poemas orais", no caso de Vargas. O resultado da conversão desses trabalhos em música popular conseguiu gerar um disco poeticamente bem estruturado, talvez pelo fato de melodia e "letra" estarem sincronizadas de forma a trabalhar por uma causa terceira: a representação da cultura dos pampas.

As ideias defendidas n'*A estética do frio* e nas incipientes ideias do *Templadismo* se materializam perfeitamente em *Délibáb*, pois Ramil consegue unir a tradição do regionalismo gaúcho (representado pelas poesias orais de Vargas), a erudição de um escritor universal mergulhado na tradição musical de sua terra (representado pelas poesias de Borges) e as marcas regionais sulistas por ele defendidas (representada pela milonga).

A tradição é renovada sem perder suas características. Flexibilizada ela consegue se ressituar no espaço social contemporâneo, ainda que as marcas regionalistas sejam facilmente percebidas nas canções. No entanto, elas foram harmonizadas de modo a serem assimiladas mesmo pelo "Brasil quente", pois a repercussão do trabalho de Ramil não ficou restrita ao sul do Brasil, tampouco à Bacia Platina. *Délibáb* e outros discos começam a chamar a atenção de outros países hispano-americanos, talvez por Ramil ter no espanhol seu segundo idioma. E especialmente no caso de *Délibáb*, ter musicado um autor como Borges, e em espanhol, pode ter ajudado nessa repercussão.

Parece-nos que quando bem trabalhadas, poesia e letra de música podem sim ser a mesma coisa. *Délibáb* é um exemplo disso. Talvez seja um exemplo um tanto quanto atípico, pelos fatos que apresentamos no decorrer do trabalho, mas que certamente deixa uma grande contribuição para essa e outras discussões.

Referências

ARAÚJO, Valterlei Borges. **Em uma esquina do sul:** fragmentações e construções identitárias na música platina a partir da análise da obra de Vitor Ramil. Tese de Doutorado. PPG em Estudos de Literatura. Universidade Federal Fluminense. Niterói, 2016.

BORGES, Jorge Luis. **Para las seis cuerdas**. 1965. Disponível em: <http://www.literatura.us/borges/cuerdas.html>. Acesso em: 12 jun 2017.

HALL, Stuart. **A identidade cultural na pós-modernidade**. Rio de Janeiro: DP&A, 2002.

COSTA, Iná Camargo e CEVASCO, Maria Elisa. Para a crítica do jogo aleatório dos significantes. In: JAMESON, Fredric. **Pós-modernismo:** a lógica cultural do capitalismo tardio. São Paulo, Ed. Ática, 1997.

RAMIL, Vitor. A estética do frio. In: FISCHER, Luis Augusto (org.). **Nós, os gaúchos**. Porto Alegre: UFRGS, 1993. p. 262-270

RAMIL, Vitor. **A estética do frio:** Conferência de Genebra. Porto Alegre: Satolep, 2004.

PANITZ, Lucas Manassi. **A estética do frio e o templadismo:** representações da paisagem platina através da música popular. Rio Grande do Sul. 2008. Disponível em: <https://pt.scribd.com/document/171495688/A-Estetica-Do-Frio-e-o-Templadismo-Representacoes-Da-Paisagem-Platina-Atraves-Da-Musica-Popular>. Acesso em: 12 jun 2017.

PANITZ, Lucas Manassi. **Por uma geografia da música:** o espaço geográfico da música popular platina. Dissertação de Mestrado. PPG em Geografia. Universidade Federal do Rio Grande do Sul. Rio Grande do Sul, 2010.

VARGAS, João da Cunha. **Deixando o pago:** poemas xucros: Poemas xucros. Rio Grande do Sul: Habitasul, 1981.

Discos

RAMIL, Vitor. **Ramilonga** – A estética do frio. Rio Grande do Sul: Satolep, 1997. CD.

RAMIL, Vitor. **Tambong**. Rio Grande do Sul: Satolep, 2000. CD.

RAMIL, Vitor. **Délibáb**. Rio Grande do Sul: Satolep, 2010. CD e DVD.

ALGUNS PRESSUPOSTOS TEÓRICOS SOBRE A CONSTRUÇÃO SOCIAL DAS IDENTIDADES[40]

1. A noção de "eu"

No clássico artigo "Uma categoria do espírito humano: a noção de pessoa, a de 'eu'", Marcel Mauss (2003) faz uma análise da evolução dos conceitos de pessoa, personagem e indivíduo desde algumas sociedades "primitivas". O autor apresenta as respectivas evoluções em sociedades de diferentes continentes e mostra como esses conceitos estavam arraigados diretamente à ideia de coletividade.

Mauss (2003, p. 371) afirma que "[...] nunca houve ser humano que não tenha tido o senso, não apenas de seu corpo, mas também de sua individualidade espiritual e corporal ao mesmo tempo", de forma que é possível entender como os conceitos apontados passam, com o tempo e o desenvolvimento das sociedades, a se emancipar do coletivo para se estabelecer no campo da individualidade e do "eu", isto é, para se tornar a base do que hoje entendemos por

---

[40] Originalmente escrito em 2016. Publicado no periódico **Darandina** (UFJF), em 2017.

indivíduo e, por consequência, do que entendemos por identidade.

A construção identitária que fazemos de nós mesmos ou do grupo a que pertencemos está diretamente ligada à imagem que fazemos do outro ou de outros grupos. Identificar-se é reconhecer a diferença e as particularidades do outro. Sem o outro não é possível construir nossa identidade: essas *construções* são feitas, obrigatoriamente, a partir de e em relação ao outro.

2. O conflito identitário

É necessário algum tipo de conflito para que as separações e, consequentemente, as definições sejam alcançadas e melhor determinadas em cada grupo. Geralmente, uma identidade é desejada ou questionada quando aparece o conflito, que pode ser de interesse social, econômico, de classe etc. Isto nos permite afirmar que o conflito pode estar diretamente ligado à construção e à definição de identidades. Sylvia Caiuby Novaes (1993) argumenta que essas construções são como jogos de espelhos: você se constrói a partir do reflexo do outro, e vice-versa.

> A representação de si está, obviamente, ligada à representação que se faz do outro e [...] dos vários outros que surgem em cena num determinado contexto. Há, na verdade, uma relação de interdependência entre a imagem que se faz de si e a imagem que se faz destes vários outros (NOVAES, 1993, p. 21).

Para Sylvia Caiuby Novaes, a realidade é percebida historicamente pelos agentes envolvidos, de forma que a interpretação dessa realidade pode ser diferente para os diversos grupos que dela participam. Novaes entende que a representação de si permite entender melhor a atuação de um grupo ou mesmo de uma sociedade. Porém, a representação de si pode variar em função dos elementos considerados para a construção de identidade. Da mesma forma, a própria dimensão da representação e sua relação afetiva também podem variar em função desses elementos. Nesse sentido, a autora defende uma distinção entre identidade, autoimagem e noção de pessoa. Ao distinguir esses três pontos de vista, percebemos, mais facilmente, os tipos de construção estabelecidos.

Dos seres vivos, os humanos são os que mais têm possibilidade de diferenciação e individualização, o que acaba por colocar a definição de identidade numa posição delicada, uma vez que "não há um único homem que seja perfeitamente igual (idêntico) ao outro". Donde, constata-se que para as ciências humanas é impossível aplicar um conceito matemático de identidade enquanto relação de igualdade válida para todos os valores das variáveis envolvidas, visto que as identidades são relativas e são os reflexos de uma construção social (NOVAES, 1993, p. 24).

Segundo a autora, a identidade só pode ser evocada no plano do discurso para a criação de um nós coletivo, em geral, minorias. Trata-se de um recurso indispensável ao sistema de representações, mas, na verdade, essa identidade, em termos de igualdade, nunca se verifica, pois acolhe uma grande quantidade de indivíduos.

A criação identitária é importante na medida em que as semelhanças de um grupo qualquer, em situação de confronto e minoria, poderão reivindicar para si um espaço social e político de atuação e representação. A identidade torna-se assim um conceito vital para os grupos sociais contemporâneos que a reivindicam. Sem essa definição, corre-se o risco de desaparecimento do grupo. Novaes argumenta:

> Uma vez que a identidade não é algo dado, que se possa verificar, mas uma condição forjada a partir de determinados elementos históricos e culturais, sua

> eficácia enquanto fator que instrumentaliza a ação é
> momentânea e será tanto maior quanto mais estiver
> associada a uma dimensão emocional da vida social
> (NOVAES, 1993, p. 24-25).

O contexto em que a identidade é construída e evocada é fator fundamental para se compreender a real necessidade de formação do grupo. Muitas vezes cria-se uma identidade ampla, com objetivo de dar maior visibilidade ao grupo que, geralmente, foi submetido a um processo de apagamento histórico. Essa criação está relacionada à ideologia, isto é, ao sistema de valores predominante que pode ser compartilhado pelo grupo.

Quando se constitui um corpo de sujeitos políticos, necessariamente as diferenças existentes dentro do próprio grupo tendem a se apagar. Fala-se em "nós índios", "nós mulheres", "nós negros", "nós homossexuais". No caso dos indígenas, por exemplo, não é a partir de uma sociedade específica – terena, bororo, guarani – que se dirigem ao governo ou à sociedade nacional a de fim reivindicarem seus direitos. Da mesma forma, o movimento feminista se dirige a partir da categoria ampla "nós mulheres", não se propondo, nesse contexto, a enunciar as diferenças dentro do próprio grupo: mulheres heterossexuais, mulheres homossexuais, mulheres que constroem uma carreira profissional etc..

Nesses casos, a ideia de identidade está operando em uma estrutura macrossocial junto à sociedade.

Conforme aponta Novaes:

> A identidade é evocada sempre que um grupo reivindica, para si, o espaço político da diferença. [...] É nesse contexto amplo, de reconhecimento de semelhanças e diferenças, que se pode perceber a articulação entre *poder* e *cultura*, entre a vontade de resgate de autonomia e os caminhos para se chegar até ela, que passam, necessariamente, pelas trilhas da cultura, pois é exatamente do domínio da cultura que estes grupos [...] resgatam sua autonomia e reafirmam a sua diferença (NOVAES, 1993, p. 27).

Nesses casos, geralmente o conceito de identidade é evocado frente a um interlocutor amplo e genérico: a sociedade, o governo. Dito de outra forma: as diferenças existentes dentro dos respectivos grupos são esquecidas para se fortalecer a macrorrepresentatividade do grupo frente às esferas macrossociais. Mesmo se tratando de esferas macro ou de formas mais abstratas de representatividade (sociedade, governo), novamente aqui a figura do outro se torna essencial, porque são as relações concretas e específicas estabelecidas entre os grupos que geram a diversidade e a necessidade de afirmação enquanto grupo. Esse tipo de articulação é contra-ideológico, isto é, ele pretende divergir do sistema social predominante.

A autodefinição está ligada diretamente à forma como se quer enfrentar o outro: trata-se de um embate de sistemas de valores divergentes ou mesmo conflitantes. A representação de si serve tanto para uma atuação diante do outro como para uma avaliação dessa situação. O outro é sempre peça fundamental para a formação da consciência de si.

3. Três manifestações contemporâneas de identidade

Analogamente, Antonio Firmino da Costa afirma que, nas ciências sociais, as pesquisas empíricas e teóricas mostram que as identidades culturais são sempre construídas socialmente e, consequentemente, são múltiplas e mutáveis. Elas são relacionais, isto é, relativas a outras identidades, e simbólicas porque carregam alguns atributos sociais. A identidade cultural é sempre reflexividade e reconhecimento.

> À luz da observação e análise cuidadosamente conduzidas, as identidades culturais revelam, além disso, uma permanente ambivalência de conotações valorativas, de sentido positivo ou negativo, um frequente entrelaçamento de dinâmicas de ostentação e ocultação, um caráter sempre situacional,

contextualizado, interativo e estratégico no seu acionamento (COSTA, 2002, p. 27).

A dinâmica social e estratégica do grupo é que vai definir seu posicionamento diante da esfera social, como um jogo travado dentro da esfera pública: primeiro, cria-se a identidade pública do grupo a partir da contextualização e dos interesses do momento; depois, cria-se a tática a partir dos objetivos que se pretende alcançar. E a dinâmica social é a esfera que baliza a forma de atuação e conduta.

Costa defende que existem três modos principais de manifestações contemporâneas de identidades culturais. São eles: identidades experimentadas, identidades designadas e identidades tematizadas. Um breve entendimento sobre essas manifestações nos dará uma melhor compreensão.

Começaremos pelas identidades experimentadas (ou vividas), que

> [...] têm a ver com representações cognitivas e os sentimentos de pertença, reportados a coletivos de qualquer espécie (categoriais, institucionais, grupais, territoriais, ou outros) que um conjunto de pessoas partilha, emergentes de suas experiências de vida e situações de existência social (COSTA, 2002, p. 27).

Geralmente é esse tipo de identidade que as minorias adotam ao tentar definir-se enquanto grupo representativo na sociedade: a definição surge dentro do próprio grupo, a partir das experiências vividas e da dinâmica social. Alguns exemplos de âmbito nacional: as associações de moradores de zonas periféricas, o movimento LGBT e o MST. Guardadas as respectivas particularidades, todos nascem de dentro para fora.

As identidades designadas (ou atribuídas) "reportam-se a construções discursivas ou icônicas de entidades coletivas, com as quais aqueles que as produzem não têm relação subjetiva de pertença" (COSTA, 2002, p. 27). Em outras palavras: terceiros produzem e atribuem uma identidade a determinado grupo mesmo sem ter conhecimento de causa ou de pertencimento. Portanto, uma forma arbitrária de definição de grupo social. Novamente, esse tipo de conduta acontece, especialmente, em momentos de conflitos sociais ou disputas simbólicas. Alguns exemplos de âmbito local no Rio de Janeiro: os favelados (termo pejorativo para designar os moradores das áreas urbanas periféricas ou marginalizadas), os paraíbas (termo usado no Rio de Janeiro para designar indistintivamente todos os nordestinos). Ou ainda, *playboys* e patricinhas. Em todos os casos, são identidades atribuídas de fora para dentro.

Por último, temos a categoria de identidade tematizada (ou políticas de identidade) entendida como uma "estratégia deliberada e reflexiva de colocação pública de uma situação social qualquer sob a égide explícita da problemática identitária" (COSTA, 2002, p. 27). Nesses casos, o poder público visa constituir ou potencializar as dinâmicas de ação social de determinado grupo ou região. O sucesso ou não dessa forma de identidade vai depender do contexto social e da forma de condução que o Estado leva ao grupo ou à região. Embora aqui também haja uma forma arbitrária de criação de identidade, os objetivos são outros: geralmente, a intenção é a atribuição de valor simbólico a determinado grupo com objetivos de distinção ou preservação – sendo algumas vezes um tipo de identidade reconhecido pelo próprio grupo ou ainda um tipo de identidade que pode partir do próprio grupo. Alguns exemplos de âmbito estadual no Rio de Janeiro: o Jongo da Serrinha, comunidade localizada em Madureira, bairro na capital do estado, que preserva a tradicional dança representativa das comunidades negras africanas; e a Festa do Divino, celebração associada ao catolicismo e à tradição portuguesa, realizada anualmente em Paraty, cidade localizada na região da Costa Verde. Nos dois casos o Estado lança uma ação de potencialização e preservação das manifestações enquanto produtos culturais representativos do estado do Rio de Janeiro. As propostas parecem estar de acordo com os interesses dos grupos.

As categorias defendidas por Costa encontram espaço propício de propagação justamente no mundo globalizado, no qual a questão da identidade e do território são tratados como assuntos de política pública e como arena dos interesses sociais e políticos. Especificamente a questão da identidade cultural urbana, objeto de análise de Costa, é hoje um importante espaço político de disputas subjetivas e simbólicas nos centros urbanos. Ocupar esse espaço é atuar culturalmente e politicamente na sociedade: é se colocar publicamente afirmando suas origens, crenças e valores, portanto, demarcando fronteiras de atuação no espaço e no debate público.

4. Integração e diferenciação

No artigo "Considerações sobre a produção social de identidade", o sociólogo português José Madureira Pinto faz uma análise da produção de identidades sociais e afirma que existem dois processos que devem ser considerados: o processo de identificação, em que os atores se integram em conjuntos mais amplos e acabam se fundindo com eles de modo tendencial; e o processo de identização, no qual os agentes tendem a ganhar autonomia e diferenciação social em relação a outros, criando, dessa forma, fronteiras e distâncias mais ou menos rígidas (PINTO, 1991, p. 218).

Para Pinto, as identidades sociais são construídas por integração e diferenciação, por inclusão e exclusão, por intermédio de práticas de distinção classicistas e estatutárias, e esse processo, feito de complementaridade e exclusão, "[...] não pode senão conduzir, numa lógica de jogo de espelhos, a identidades impuras, sincréticas e ambivalentes". A identidade é sempre alimentada pelas alteridades (reais ou de referência) e, por isso mesmo, "[...] nunca exclui em absoluto conivências e infidelidades recíprocas – para desespero do que nelas querem ver o desenvolvimento harmonioso e coerente de umas tantas substâncias essenciais" (PINTO, 1991, p. 219).

Pinto argumenta que os movimentos de afirmação identitária com base local e regional são maiores agora[41] que outrora. Por razões ligadas ao campo mediático, esses grupos acabam recebendo uma espécie de mais-valia simbólica, o que pode aumentar sua visibilidade pública. A mobilidade espacial e a

---

[41] O artigo de Pinto foi publicado no início da década de 90, mais precisamente em 1991.

internacionalização da indústria cultural fazem com que a afirmação das identidades locais seja cada vez mais a projeção precariamente legitimada de identidades alheias. Isso acaba por esbarrar sensivelmente nas fronteiras do local, do regional e do internacional – o que contribui para evocar no Brasil, a partir dos anos 1990, um forte cenário de representatividade local/regional nas esferas culturais. Acrescenta ainda que

> mesmo à escala sub-nacional, são múltiplas as fontes de identidade social concebíveis, pelo que afirmações genéricas a respeito da sua pujança podem elidir o complexo mundo das identidades retraídas e envergonhadas, nem por isso destituídas de eficácia social (PINTO, 1991, p. 220).

Os pequenos grupos passam a ter mais representatividade e importância social na esfera organizacional da sociedade. No Brasil, essa reorganização pode ser percebida inclusive por meio das políticas públicas adotadas pelo Estado, que direcionam parte dos recursos para essa demanda, e também pela própria organização que o Estado vem adotando, sempre com vistas a atender as minorias a partir de subdivisões específicas dentro de algumas secretarias e ministérios, a exemplo do próprio Ministério da Cultura (Secretaria de

Cidadania Diversidade Cultural), da Secretaria de Estado de Cultura do Rio de Janeiro (Superintendência de Cultura e Sociedade[42]) e da Prefeitura Municipal do Rio de Janeiro (Coordenadoria Especial da Diversidade Sexual). Subdivisões como as do estado do Rio de Janeiro também podem ser observadas em outros estados e municípios brasileiros.

5. Fragmentação e descentração do sujeito

Uma das possíveis interpretações para esta mudança política pode ser encontrada em Stuart Hall, quando afirma que

> Um tipo diferente de mudança estrutural está transformando as sociedades modernas no final do século XX. Isso está fragmentando as paisagens culturais de classe, gênero, sexualidade, etnia, raça e nacionalidade. [...] Estas transformações estão também mudando nossas identidades pessoais, abalando a ideia que temos de nós próprios como sujeitos integrados. Esta perda de um 'sentido de si' estável é chamada, algumas vezes, de deslocamento ou descentração do sujeito (HALL, 2002, p. 9).

---

[42] A Superintendência de Cultura e Sociedade da Secretaria de Estado de Cultura do Rio de Janeiro atua em zonas periféricas. Na cidade do Rio de Janeiro, suas ações são voltadas, majoritariamente, para as favelas localizadas em perímetros urbanos.

Vejamos que Hall acaba por confirmar, já no final do século XX, o que Mauss assinalava anteriormente sobre o desenvolvimento das sociedades primitivas e a consequente progressão da individualidade do sujeito em oposição ao todo (coletividade). Enquanto Mauss adotava a ideia de "noção de pessoa, a de 'eu'", Hall fala em fragmentação e descentração do sujeito – termos que nos parecem mais adequados às problemáticas contemporâneas por conseguir incorporar as minorias, se necessário. Também como em Mauss, percebe-se que Hall enfatiza mais a análise do sujeito enquanto indivíduo, em oposição à ideia de coletividade – assegurando um ponto de investigação diferente dos demais autores citados[43], que se referiam principalmente às identidades de grupo.

Hall defende que há três concepções de identidade, a saber: o sujeito do Iluminismo, o sujeito sociológico e o sujeito pós-moderno. O sujeito do Iluminismo era aquele que tinha sua concepção de pessoa humana como indivíduo centrado, unificado. Ele não sofria grandes transformações ao longo do tempo. Sua identidade era estável e, ao longo da vida,

---

[43] Sylvia Caiuby Novaes (1993), Antonio Firmino da Costa (2002) e José Madureira Pinto (1991).

permanecia essencialmente a mesma, não havia grandes mudanças e interações sociais.

O sujeito sociológico já trazia as complexidades presentes no mundo moderno. O seu "eu" já não era autossuficiente, mas formado a partir da relação com outras pessoas importantes em relação a ele. Os valores recebidos e propagados eram mediados especialmente pela cultura. O diálogo mais frequente com o campo cultural formou um sujeito mais flexível, menos rígido que o sujeito do Iluminismo e reciprocamente mais unificado com o mundo cultural a que pertencia. O sujeito pós-moderno, por sua vez, é fruto dos colapsos estruturais e institucionais por que passa a sociedade contemporânea. Nesse caso, a identidade torna-se móvel: ela é, continuamente, transformada pelos sistemas culturais que a cercam. Ela pode ser definida pelo sistema social:

> O sujeito assume identidades diferentes em diferentes momentos, identidades que não são unificadas ao redor de um 'eu' coerente. Dentro de nós há identidades contraditórias, empurrando em diferentes direções, de tal modo que nossas identificações estão sendo continuamente deslocadas (HALL, 2002, p. 13).

O sujeito pós-moderno definido por Stuart Hall está diretamente associado ao mundo globalizado contemporâneo e aos avanços dos meios de comunicação que parecem trabalhar no sentido de encurtar cada vez mais a noção de tempo e de espaço. Trata-se de um mundo que, ao mesmo tempo em que está globalmente interconectado, produz um efeito constante de descontinuidade e fragmentação de auto-representação do sujeito. Muitas vezes, o sujeito contemporâneo passa a ser caracterizado pela diferença em relação ao contexto dominante. É desse contexto que as minorias emergem como grupos sociais atuantes.

Considerações finais

Em Mauss, Novaes, Costa, Pinto e Hall, embora com perspectivas singulares e em tempos e lugares distintos, é possível notar traços comuns. Destacamos aqui dois pontos importantes: a) a construção da identidade que fazemos de nós ou de nosso grupo está diretamente ligada à imagem que fazemos do outro ou de outro grupo; b) geralmente a necessidade de construção ou afirmação de uma identidade está ligada a um conflito (individual, de grupo, social, de pertencimento etc.) com objetivo de reivindicação de um espaço social, político ou cultural da diferença. Isso posto, é importante apontar o seguinte: quando criamos nossa identidade, obrigatoriamente atribuímos uma identidade ao outro, mesmo que involuntariamente.

Podemos concluir, a partir dos autores apresentados, que a identidade (de grupo e individual) é uma construção social flexível, especialmente porque suas localizações social e tempo-espacial são fatores primordiais para compreensão de sua concepção. Em outras palavras: as identidades são flutuantes e maleáveis e sua definição está diretamente associada a interesses políticos, sociais e/ou econômicos. Sua existência está condicionada a fatores internos e externos. E sua continuidade, em maior ou menor grau, está associada ao envolvimento perene em conflitos e disputas sociais e políticas; obviamente, podendo passar por estágios de ordem e agitação. Trata-se, portanto, de compreender as relações macro e microssociais existentes para, a partir disso, traçar a construção do sujeito e/ou grupo social através das escolhas e interesses.

Referências

ARAÚJO, Valterlei Borges. **Em uma esquina do sul:** fragmentações e construções identitárias na música platina a partir da análise da obra de Vitor Ramil. Tese (Doutorado em Estudos de Literatura) - Universidade Federal Fluminense, Niterói, RJ, 2016.

COSTA, Antonio Firmino. Identidade culturais urbanas em época de globalização. **Revista Brasileira de Ciências Sociais** – vol. 17, nº 48, p. 15-30. São Paulo. Fev. 2002. Disponível em: http://www.scielo.br/scielo.php?script=sci_arttext&pid=S0102-69092002000100003&lng=pt&nrm=iso. Acesso em: 22 mar. 2017.

HALL, Stuart. **A identidade cultural na pós-modernidade**. Rio de Janeiro: DP&A, 2002.

MAUSS, Marcel. Uma categoria do espírito humano: a noção de pessoa, a de "eu". In: MAUSS, Marcel. **Sociologia e antropologia**. São Paulo: Cosac Naify, 2003. p. 367-397.

NOVAES, Sylvia Caiuby. **Jogos de espelhos:** imagens da representação de si através dos outros. São Paulo: Edusp, 1993.

PINTO, José Madureira. Considerações sobre a produção social de identidade. **Revista Crítica de Ciências Sociais**, nº 32, p. 217-231. Coimbra: junho de 1991. Disponível em: http://www.ces.uc.pt/rccs/index.php?id=416&id_lingua=1. Acesso em: 27 mar. 2017.

DESLOCAMENTOS CULTURAIS COMO ATOS POLÍTICOS E IDENTITÁRIOS: BREVES ENSAIOS SOBRE CASOS BRASILEIROS[44]

Introdução

Quando pensamos em pequenos grupos ou categorias sociais dificilmente atentamos para o fato de que todos, sem exceção, são frutos de uma mesma cultura, isto é, são sujeitos sociais regidos por uma dada ordem social majoritariamente processada e incorporada na vivência cotidiana. Muitas vezes não sabemos bem porque agimos ou pensamos de determinada forma ou a partir de certas premissas sociais, posicionamento esse, portanto, que acaba por afirmar (ou refletir) nossa categoria social diante do jogo de espelhos que permeia a construção social das identidades.

---

[44] Originalmente escrito em 2018, em parceria com Júlio César Suzuki (USP). Publicado como capítulo de livro com o seguinte título: Afirmar é negar: Vitor Ramil, um caso fronteiriço na música popular brasileira. In: CAPAVERDE, Tatiana da Silva; SILVA, Liliam Ramos (Orgs.). **Deslocamentos culturais e suas formas de representação**. Boa Vista: Editora da UFRR, 2019. Uma versão em inglês foi publicada no periódico **Galactica Media: Journal of Media Studies**, em 2019.

O objetivo deste trabalho é refletir sobre alguns processos de construção social das identidades a partir do posicionamento de grupos ou categorias sociais, especialmente aqueles que fazem uso do discurso para se auto-afirmar em contraposição a algumas normas social e cultural vigentes. Entendemos, assim, que a afirmação se torna um artifício de negação do opositor ou das normas a que se opõe, pois necessariamente afirmar alguma coisa é sempre negar outra coisa (e geralmente nega-se a norma, a supremacia). Toda afirmação, portanto, sempre vem carregada do desejo de negação de alguém ou alguma coisa que representa o *status quo*. Do contrário, a afirmação não se faz necessária, pois há consenso.

Nosso referencial metodológico está baseado nos conceitos de *identidade* e *diferença* abordados por autores ligados aos Estudos Culturais. Entre os quais destacamos: Tomaz Tadeu da Silva (2014), Stuart Hall (2002, 2013, 2014) e Kathryn Woodward (2014). Tomaz Tadeu da Silva tem um importante papel sobre essa discussão no Brasil, pois além de ter uma produção bastante significativa, também traduziu estudos referenciais sobre o assunto.

Numa dessas obras, intitulada *Identidade e diferença: a perspectiva dos Estudos Culturais* (2014), composta por três artigos, Tomaz Tadeu da Silva publica um artigo autoral e traduz outros dois trabalhos, um de Kathryn Woodward e outro de Stuart Hall. É, sobretudo, a partir das pesquisas desenvolvidas pelos três autores dessa obra que nosso estudo se estrutura.

Entendendo os conceitos de identidade e diferença

É sabido que a criação identitária é importante na medida em que as semelhanças de um grupo qualquer, em situação de confronto ou minoria, poderá reivindicar para si um espaço social e político de atuação e representação. A identidade torna-se um conceito vital para os grupos sociais contemporâneos.

O contexto em que a identidade é construída e evocada é fator fundamental para se compreender a real necessidade de formação do grupo. Muitas vezes cria-se uma identidade ampla, com objetivo de dar maior visibilidade ao grupo que, geralmente, foi submetido a um processo de apagamento histórico. Essa criação está relacionada à ideologia, isto é, ao sistema de valores predominante que pode ser compartilhado pelo grupo. Nessa situação, quando se constitui um corpo de sujeitos políticos, necessariamente as diferenças existentes dentro do próprio grupo tendem a se apagar em prol do corpo maior.

A autodefinição está ligada diretamente à forma como se quer enfrentar o outro: trata-se de um embate de sistemas de valores divergentes ou mesmo conflitantes, mas que são dependentes. A representação de si serve tanto para uma atuação diante do outro como para uma avaliação dessa situação. O outro é sempre peça fundamental para a formação da consciência de si. A *identidade* geralmente está associada aos sistemas de valores dominantes enquanto a *diferença* (o outro) está fora, opondo-se ao sistema vigente. Em outras palavras: a *identidade* tende a ser ideológica, enquanto a *diferença* tende a ser contra-ideológica. Quando afirmo minha identidade invariavelmente estou negando outra(s) identidade(s). Portanto, apesar das disputas ideológicas, *identidade* e *diferença* são dependentes. Nas palavras de Tomaz Tadeu da Silva: "isto reflete a tendência a tomar aquilo que somos como sendo a norma pela qual descrevemos ou avaliamos aquilo que não somos" (SILVA, 2014, p. 76). Ou ainda:

> Fixar uma determinada identidade como a norma é uma das formas privilegiadas de hierarquização das identidades e das diferenças. A normalização é um

> dos processos mais sutis pelos quais o poder se manifesta no campo da *identidade* e da *diferença*. Normalizar significa eleger – arbitrariamente – uma identidade específica como o parâmetro em relação ao qual as outras identidades são avaliadas e hierarquizadas (SILVA, 2014, p. 83).

Isto nos leva a complementar o argumento, em sintonia com o que também diz Woodward (2014, p. 13), afirmando que a *identidade* é relacional, enquanto a *diferença* é estabelecida por uma marcação simbólica relativamente a outras identidades: a *diferença* tende a ser uma sombra da *identidade*.

Nesse contexto mais conflituoso, frequentemente o termo multiculturalismo[45] é buscado para justificar ou pelo menos apaziguar as disputas em jogo. A ideia de diversidade é particularmente problemática, pois tende a ser benevolente no apelo à tolerância e respeito para com a diferença, muitas vezes ofuscando os reais conflitos (SILVA, 2004, p. 73). Por outro lado, especialmente a partir dos anos 1990, nota-se cada vez mais categorias e múltiplos grupos culturais sendo reivindicados como forma de identificação e diferenciação.

---

[45] Segundo HALL (2013, p. 57), o termo multiculturalismo "refere-se a estratégias e políticas adotadas para governar ou administrar problemas de diversidade e multiplicidade gerados pelas sociedades multiculturais".

Parece haver um enfraquecimento da ideia macro-identitária em prol de subdivisões com interesses e afiliações específicas e minoritárias. Esse mesmo posicionamento também parece estar aflorando de forma mais ampla no atual cenário internacional e geopolítico, de modo que as discussões sobre *identidade* e *diferença* estão voltando a ganhar destaque nos grandes meios de comunicação, muitas vezes travestidas na abordagem entre nacionalismo e globalização[46].

Isso posto, veremos como Tomaz Tadeu da Silva, Kathryn Woodward e Stuart Hall, todos ligados aos Estudos Culturais, analisam e compreendem os conceitos de *identidade* e *diferença*. É importante atentar para a teoria feita por cada autor sobre esses mesmos conceitos, pois sendo a identidade uma construção social, a definição – e especialmente o uso dessas ferramentas conceituais - acaba por impactar na análise sobre os fenômenos sociais e, em última análise, sobre as disputas do cotidiano.

---

[46] *Cf.*, por exemplo, a entrevista do historiador israelense Yuval Noah Harari. Disponível em: <https://www.ted.com/talks/yuval_noah_harari_nationalism_vs_globalism_the_new_political_divide?utm_source=meio&utm_medium=email>. Acesso em: 16 ago. 2018.

Tomaz Tadeu da Silva (2014) trata de aspectos de construção e uso dos conceitos de *identidade* e *diferença*, como a construção social a partir de afirmações e negações da linguagem, a definição e a fixação social de identidades e a performatividade da *identidade* e da *diferença* no campo social. Para o autor, a *identidade*, tal como a *diferença*, é uma relação social e, portanto, está sujeita a relações de poder. "A afirmação da *identidade* e a enunciação da *diferença* traduzem o desejo dos diferentes grupos sociais, assimetricamente situados, de garantir o acesso privilegiado aos bens sociais" (SILVA, 2014, p. 81). *Identidade* e *diferença* não convivem harmoniosamente, pois são imposições e disputam hierarquias.

Por sua vez, Kathryn Woodward (2014) apresenta algumas abordagens sobre a construção dos conceitos de *identidade* e *diferença*. Para a autora, a *identidade* é relacional, além de ser uma construção simbólica e social marcada historicamente. Por outro lado, a *diferença* é estabelecida por uma marcação simbólica em relação a outras identidades e comumente sustentada pela exclusão, geralmente por estar desassociada dos aspectos essencialistas da identidade. A *diferença* pode ainda ser vista como mais importante ou menos importante, dependendo de lugares e momentos particulares, o que pode caracterizar uma maior ou menor valorização dessa posição. Woodward aponta duas versões do essencialismo identitário: uma fundamentada na "verdade da tradição e nas raízes da história", e outra fundamentada na "categorial 'natural', fixa, na qual a verdade está enraizada na biologia" (WOODWARD, 2014, p. 38). Portanto, o essencialismo identitário pode ser histórico e cultural ou biológico e natural. Em comum entre os dois há uma concepção *unificada* de identidade.

Já Stuart Hall (2014) dispensa o conceito de identidade essencialista e apresenta um conceito estratégico e posicional, que busca a utilização de recursos da história, da cultura e principalmente do discurso para a produção daquilo no qual, argumenta o autor, queremos nos tornar. Para Hall as identidades são fragmentadas e fraturadas, construídas ao longo de discursos, práticas e posicionamentos que podem se cruzar ou ser antagônicos. "A identificação é, ao fim e ao cabo, condicional; ela está, ao fim e a o cabo, alojada na contingência. Uma vez assegurada, ela não anulará a *diferença*" (HALL, 2014, p. 106). A identificação torna-se assim uma "suturação", nunca havendo um ajuste completo.

É notório que cada autor faz uso de distintas análises sociais para desenvolvimento da interpretação sobre os conceitos de *identidade* e *diferença*. Silva recorre aos estudos de linguagem e à performatividade social mediada pelas imposições e disputas hierárquicas para compreender o que, no final, é o conflito entre o hegemônico e o subalterno. Para Silva o conflito é umas das questões centrais no debate. Woodward recorre à contextualização histórico-cultural, que pode mudar as interpretações, e também à biologia, que acaba impactando diretamente na atuação dos papeis desempenhados no campo social. Para Woodward a essência da *identidade* e da *diferença* pode ser compreendida com subsídios histórico-culturais ou biológicos, que tanto em um caso como no outro tende a construir uma identidade mais estável e unificada. Hall, por fim, analisa a identidade como uma estratégia, que recorre a diversos elementos (históricos, culturais, sociais) para a construção social de um argumento, que nunca é definitivo e unificado, pois a todo tempo dialoga com os interesses e estratégias de representação.

Pensamos que na nossa perspectiva de análise a visão de Stuart Hall é a que mais se adequa ao que pretendemos explorar a entender: a construção das identidades como fruto dos discursos e das narrativas, portanto, como uma construção social que carrega certa flexibilidade, especialmente quando há incorporação de *mais valia*. Em outras palavras: a identidade é moldada ou "suturada", como prefere Hall, quando há incorporação de *mais valia*. Com isso as identidades são cada vez mais estratégicas, tentando se aproximar dos discursos sociais em evidência.

Há, contudo, uma dualidade que parece sempre existir: a *identidade* versus a *diferença*. Pois se as identidades são socialmente moldadas, consequentemente as narrativas e as disputas sociais também são deslocadas para os discursos, fazendo com que a identidade dominante esteja sempre em conflito com as identidades dissonantes, isto é, com a *diferença*. A *diferença* aqui é aquilo ou aquele que difere da hegemonia, às vezes de forma intencional, às vezes de forma não intencional. Atualmente, parece-nos, cada vez mais de forma intencional e com as mais distintas necessidades de afirmação.

Conflito e necessidade de afirmação

Para haver a necessidade de afirmação é imprescindível a dualidade da *identidade* e da *diferença* como posicionamentos antagônicos. Trata-se, aqui, da *identidade* como *norma*, que tende a reger a vida social e por isso deter a hegemonia em detrimento às minorias, e da *diferença*, que tende a se contrapor ao modelo hegemônico e por isso mesmo desviar das normas sociais predominantes. Há de se atentar, contudo, para o fato de que *identidade* e *diferença* são dependentes, do contrário novamente haveria consenso. Donde podemos aferir que não há mediação sobre esses conceitos, e sim conflito. O conflito é peça-chave nessa disputa por representação.

> [...] A forma afirmativa como expressamos a identidade tende a esconder essa relação. Quando digo 'sou brasileiro' parece que estou fazendo referência a uma identidade que se esgota em si mesmo. 'Sou brasileiro' – ponto. Entretanto, eu só preciso fazer essa afirmação porque existem outros seres humanos que não são brasileiros. [...] A afirmação 'sou brasileiro', na verdade, é parte de uma extensa cadeia de 'negações', de expressões negativas de identidade, de diferenças (SILVA, 2014, p.74-75).

É necessário algum tipo de conflito para que as separações e, consequentemente, as definições sejam alcançadas e melhor determinadas em cada grupo. Geralmente, uma identidade é desejada ou questionada quando aparece o conflito, que pode ser de interesse social, econômico, de classe etc. Isto nos permite afirmar que o conflito pode estar diretamente ligado à construção e à definição de identidades e diferenças. Sylvia Caiuby Novaes (1993) argumenta que essas construções são como jogos de espelhos: você se constrói a partir do reflexo do outro, e vice-versa.

> A representação de si está, obviamente, ligada à representação que se faz do outro e [...] dos vários outros que surgem em cena num determinado contexto. Há, na verdade, uma relação de interdependência entre a imagem que se faz de si e a imagem que se faz destes vários outros (NOVAES, 1993, p. 21).

A criação identitária é importante na medida em que as semelhanças de um grupo qualquer, em situação de confronto e minoria, poderão reivindicar para si um espaço social e político de atuação e representação. A identidade torna-se assim um conceito vital para os grupos sociais contemporâneos que a reivindicam. Sem essa definição, corre-se o risco de desaparecimento do grupo.

> Uma vez que a identidade não é algo dado, que se possa verificar, mas uma condição forjada a partir de determinados elementos históricos e culturais, sua eficácia enquanto fator que instrumentaliza a ação é momentânea e será tanto maior quanto mais estiver associada a uma dimensão emocional da vida social (NOVAES, 1993, p. 24-25).

Portanto, o ato de afirmar é também um ato de negar alguma coisa, algum sistema, algum discurso – geralmente algo que se opõe à afirmação. No mundo contemporâneo cada vez mais vemos discursos de afirmação, muitos dos quais contra o *establishment*, mesmo que sem a intenção objetiva. Quando afirmamos "sou vegano", "sou ciclista", "sou analógico" etc., todos, de alguma forma, estamos negando ou pelo menos criando outra via de representatividade diferente da norma construída pelo capital. Num mundo em que a produção de carne animal, a produção de carros e a digitalização chega para parte significativa da população, devemos estar conscientes para o crescente fortalecimento de alguns grupos minoritários de "oposição", muitos dos quais, não por acaso, surgidos em grandes centros urbanos.

Atos culturais como atos políticos e identitários

Atos culturais sempre foram uma forma de luta política contra o sistema dominante ou minimamente uma tentativa coletiva de construção de outra via, que essencialmente é diferente daquela margeada pela elite e pelo capital – que nesse caso se confunde. A *diferença* também é isso: oposição e negação do *status quo* e disputa por novas formas de representatividade e ressignificação da vida social a partir das manifestações culturais. No caso brasileiro, desde o Brasil Colônia é conhecida a ressignificação que os negros africanos deram aos santos da religião católica - a religião oficial dos invasores portugueses – e que perpetua até os dias atuais.

Nesse sentido, vemos atualmente diversas manifestações de cunho notoriamente cultural-ético-político que se constroem sob o mesmo paradigma. Para continuarmos nos exemplos, pensemos que o veganismo se tornou, muito mais do que uma opção alimentar, uma atitude política em defesa dos direitos dos animais. Por isso, o vegano se recusa a consumir qualquer produto de origem animal, tendo em sua dieta alimentar somente produtos de origem vegetal (atualmente é possível incluir até mesmo produtos de higiene pessoal do dia a dia, tais como xampu, sabonete e cremes corporais). Já entre os ciclistas prevalece a vontade de uma reinvenção das cidades, uma cidade mais humana, sem carros e com menos poluentes. Trata-se de uma tentativa de repensar os meios de transportes usados nas grandes cidades, que majoritariamente produzem gases nocivos ao meio ambiente, além de ocupar um espaço (físico inclusive) que poderia ser ocupado pelo cidadão. Na cidade de São Paulo vê-se nesse momento algumas iniciativas privadas – geralmente ligadas a *startups* ou negócios sociais - que tentam mudar esse paradigma, oferecendo serviços como bicicletas, carros e patinetes compartilhados. Podemos ver também uma onda tecnológica que volta a oferecer antigos produtos, agora repaginados como *vintage*, algumas vezes como uma forma de resgate da qualidade oferecida pelo analógico, outras vezes como uma forma de recuperação da privacidade. No primeiro caso podemos listar o retorno dos *walkmans* e *discmans*, ambos lançados pela Sony em 1979 e 1984, respectivamente, agora vendidos como produtos *vintage*. Podemos ver também uma crescente onda em torno dos velhos LPs de 33 rpm, surgidos em 1948, e que ainda hoje oferece qualidade de reprodução musical superior a oferecida pelos CDs, mídia lançada pela Sony em 1982 (ARAÚJO, 2014). No segundo caso podemos listar o ressurgimento dos aparelhos de celular analógicos (comuns no Brasil na primeira década dos anos 2000) que, além de ser *vintage*, não oferece qualquer tipo de recurso presente nos *smartphones* (que proliferam no Brasil na segunda década dos nos 2000), e por isso mesmo promete o retorno da privacidade perdida especialmente depois da popularização das redes sociais digitais. Nos casos citados, embora distintos, podemos destacar o *modus operandi* comum: há uma evidente valorização de certos modelos de vida e consumo tecnologicamente ultrapassados que estão voltando ao cotidiano carregados de *mais-valia* simbólica – e geralmente se opondo ao modelo de vida contemporâneo.

De modo semelhante outros movimentos, esses sim contemporâneos, estão surgindo como uma forma de resposta à norma social, tais como o *black cultural capital*, o *black money* e o *pink money*. O *black cultural capital* – capital cultural negro, em tradução livre - é um movimento que tenta valorizar e reconhecer o capital cultural presente na cultura afro-americana, tais como o hip-hop, o grafite, o basquete de rua etc., ou seja, manifestações culturais e esportivas presentes na comunidade negra norte-americana (atualmente presente em muitos países latino-americanos). O que até pouco tempo atrás era percebido como um subcapital passa a ser compreendido como um capital cultural negro, que, a partir da valorização e reconhecimento, passa a confrontar com a cultura dominante. O *black money* – dinheiro negro, em tradução livre – é um movimento que estimula o afroconsumo na comunidade negra, como um estímulo ao fomento do afroempreendedorismo. Com isso o *black money* deve priorizar o consumo e a circulação na própria comunidade, de forma a consolidar o ecossistema empreendedor negro[47]. O mesmo acontece com o *pink money* – dinheiro rosa, em tradução livre. Trata-se do dinheiro movimentado pela comunidade LGBTQI+, que é estimulada a consumir da própria comunidade, numa tentativa de retroalimentação comunitária. Algumas grandes empresas, percebendo o potencial de mercado, já direcionam campanhas específicas para atingir esses segmentos[48], especialmente em datas comemorativas, como no dia da Consciência Negra ou no dia da Parada LGBTQI+[49].

Portanto, quando passamos a entender os atos culturais como atos políticos ou identitários, devemos atentar para as mediações criadas e ocupadas pelo próprio mercado com o propósito de manter o controle, reforçando antigas normais sociais ou impondo novas normas, algumas vezes travestidas com discursos inclusivos e integradores. A reprodução

---

[47] Sobre o *black money*, ver, por exemplo, o programa Mundo S/A do canal Globo News, exibido em 27 de maio de 2018. Disponível em: <https://www.youtube.com/watch?time_continue=17&v=us126L6BKO g>. Acesso em: 30 ago. 2018.

[48] Notadamente o capital já cooptou essas populações vendo aí importantes segmentos de mercado.

[49] Sobre o *pink money*, cf. a matéria *O poder do pink money* na Revista Istoé. Disponível em: <https://www.istoedinheiro.com.br/noticias/investidores/20130531/pod er-pink-money/3262>. Acesso em: 30 ago. 2018.

desses discursos vem ficando cada vez mais evidente em diferentes estratos sociais, pois podem (aqui a dúvida é propositalmente trazida à tona) não exprimir a realidade de seus locutores. Existe aí um questionamento social sobre a manutenção do *status quo* e, em consequência, o enfraquecimento do que sustentava a norma social. Há, assim, questionamentos, incertezas e disputas político-sociais entre os atores hegemônicos (norma) e os marginalizados (diferença).

Essa realidade que se fortalece especialmente a partir da digitalização ou virtualização das relações sociais pode trazer perdas e ganhos com o enfraquecimento da norma, especialmente por fortalecer e valorizar informações vindas de circuitos alternativos. Vemos, cada vez mais, a proliferação de canais alternativos de informação ou mesmo de canais disfarçados como canais de informação (pois, via de regra, deveriam ser considerados apenas canais de comunicação). Essa zona imprecisa sobre a confiabilidade das informações está produzindo consequências nefastas no campo político, social, econômico, ético, estético etc. O desdobramento social também passa, ao nosso ver, sobre as discussões de *identidade* e *diferença* – que são encobertas pelos discursos. O conflito, que tende a aflorar extremos, vem agora travestido com as discussões de nacionalismo *versus* globalização e encobre – pelo menos parcialmente – uma disputa que pode ser menos geopolítica e mais social.

Deslocamentos culturais na música popular

A reconfiguração que estamos passando obviamente atinge o campo cultural em suas múltiplas vertentes. No caso da música popular brasileira as mudanças parecem ocorrer com mais veemência a partir dos anos 1990 (ARAÚJO, 2016). Um dos expoentes dessa década marcada por importantes "movimentos" - como o Mangue Beat, o Axé Music, o Funk, o Pagode e a Estética do Frio – é o músico e compositor gaúcho Vitor Ramil.

Enxergamos na obra do autor muito dos questionamentos sobre *identidade* e *diferença*, especialmente quando Ramil, ainda nos anos 1990 e morando no Rio de Janeiro capital, volta sua produção musical – e seu discursos - às temáticas ligadas às suas origens. É no calor do inverno carioca – não custa lembrar que o inverno no Rio de Janeiro é quente - que Ramil começa a refletir sobre sua identidade sulista e uma (possível) *estética do frio*, como uma forma de se opor à estética quente que predomina na música popular neste país tropical chamado Brasil.

É pensando a partir da hegemonia ou da norma – que poderíamos entender também como a identidade dominante – que Ramil constrói um argumento, em certa medida, de oposição à identidade dominante, mas que ao mesmo tempo pudesse representá-lo dentro de seu próprio país, sem torná-lo uma *persona non grata*. Para Ramil, essa oposição dá-se pelo frio. O frio torna-se a representação simbólica de oposição à estética quente e tropical.

Ramil (in)conscientemente agiu pela *diferença*. Não há como contestar a norma se não for pela afirmação ou evidenciação da *diferença*. Afirmar é negar, sempre. Não há exceção. Quando afirmamos alguma coisa é porque queremos marcar uma diferença ou se opor a algo, de forma geral se opor à norma. É, sempre, uma disputa. Trata-se, portanto, de uma disputa pelo tipo de representação que se pretende fazer inicialmente a partir *do* discurso e posteriormente *pelo* próprio discurso.

O discurso de Vitor Ramil – associado a um reposicionamento de mercado – acabou por transformá-lo num representante da música do sul do Brasil, em alguns momentos até mesmo representante da música do *sur*, isto é, da canção produzida na região da Bacia do Prata, que se estende aos dois países fronteiriços ao Rio Grande do Sul. O gentílico usado pelo Estado nos dá essa pista.

> A palavra gaúcho é, hoje em dia, um gentílico que designa os habitantes do Rio Grande do Sul, e o estereótipo do gaúcho é um dos mais difundidos nacionalmente, se não o mais difundido [...]. É um tipo comum aos vizinhos Uruguai e Argentina, com a diferença de que nesses países *gaucho* (gaúcho) é simplesmente homem do campo, nunca um gentílico que designe os habitantes dos centros urbanos (RAMIL, 2014, p. 11-12).

Desse modo, entendemos a obra de Vitor Ramil produzida a partir dos anos 1990 como um tipo de produção fronteiriça, marcada pela diferença, que dialoga com a produção do Uruguai e da Argentina, ao mesmo tempo em que se afirma no Brasil como uma produção que deriva de uma estética do frio. Ou seja, uma estética que se opõe propositalmente à estética quente predominante no Brasil.

É importante salientar que o diálogo travado por Ramil ultrapassa em muito o discurso e se desdobra em parcerias em composições (como em *Viajei* e *12 segundos de oscuridad*, com Jorge Drexler, ambas do disco *Satolep*

Sambatown, de 2007) e apresentações nos países vizinhos (Montevidéu e Buenos Aires). Outro ponto a ser destacado na produção de Ramil é a presença e o uso frequente do idioma espanhol, seja através de poemas musicados (como é o caso dos poemas de *Para las seis cuerdas*, livro de Jorge Luis Borges publicado em 1965) ou mesmo a gravação de discos inteiramente ou parcialmente compostos no idioma (*Tambong en Spañol*, de 2000, e *Délibáb*, de 2010, respetivamente). Também podemos identificar nas suas canções uma certa referência a bairros e cidades sul-americanas (Montevideo, San Telmo, Punta del Diablo, presentes nas canções *Duerme, Montevideo* e *Ana (Sara)*, ambas do disco *Campos Neutrais*, de 2017), algo incomum na atual cena da música popular brasileira.

Por fim, mas não menos importante, pensamos que as reflexões estão sintetizadas especialmente em três obras que nos ajudam a compreender o espaço fronteiriço do sul do Brasil inventado e ocupado por Vitor Ramil: o ensaio *A estética do frio* (2004 [1993]) e os discos *Ramilonga – A estética do frio* (1997) e *Délibáb* (2010).

Referências

AKERLOF, George A.; KRANTON, Rachel E. **A economia da identidade:** como nossa personalidade influencia nosso trabalho, salário, bem-estar e a economia global. Tradução: Afonso Celso da Cunha Serra. Rio de Janeiro: Elsevier, 2010.

ARAÚJO, Valterlei Borges. **Novos modelos de produção musical e consumo:** um estudo sobre as mudanças ocorridas com o advento das plataformas digitais. Niterói: Eduff, 2014.

ARAÚJO, Valterlei Borges. **Em uma esquina do sul:** fragmentações e construções identitárias na música platina a partir da análise da obra de Vitor Ramil. Tese. (Doutorado em Estudos de Literatura). Instituto de Letras. Niterói: Universidade Federal Fluminense, 2016. 191 fls.

BORGES, Jorge Luis. **Para las seis cuerdas**. 1965. Disponível em: https://www.literatura.us/borges/cuerdas.html. Acesso em: 20 fev. 2019.

HALL, Stuart. **A identidade cultural na pós-modernidade**. Rio de Janeiro: DP&A, 2002.

HALL, Stuart. A questão multicultural. In: HALL, Stuart. **Da diáspora:** identidades e mediações culturais. Organização: Liv Sovik. Belo Horizonte: Editora UFMG, 2013.

HALL, Stuart. Quem precisa da identidade? In: SILVA, Tomaz Tadeu da (Org.). **Identidade e diferença:** a perspectiva dos Estudos Culturais. 15. ed. Petrópolis, RJ: Vozes, 2014. p. 103-133.

NOVAES, Sylvia Caiuby. **Jogos de espelhos:** imagens da representação de si através dos outros. São Paulo: Edusp, 1993.

RAMIL, Vitor. **A estética do frio:** conferência de Genebra. Porto Alegre: Satolep, 2004.

SILVA, Tomaz Tadeu. A produção social da identidade e da diferença. In: SILVA, Tomaz Tadeu (org.). **Identidade e diferença:** a perspectiva dos Estudos Culturais. 15. ed. Petrópolis, RJ: Vozes, 2014. p.73-102.

WOODWARD, Kathryn. Identidade e diferença: uma introdução teórica e conceitual. In: SILVA, Tomaz Tadeu da (Org.). **Identidade e diferença:** a perspectiva dos Estudos Culturais. 15. ed. Petrópolis, RJ: Vozes, 2014. p. 7-72.

Discos

RAMIL, Vitor. **Ramilonga** – A estética do frio. Satolep. CD. 1997.

RAMIL, Vitor. **Tambong en espanol**. Satolep. CD. 2000.

RAMIL, Vitor e SUZANO, Marcos. **Satolep sambatown**. MP, B Disco / Universal. CD. 2007.

RAMIL, Vitor. **Délibáb**. Satolep. CD/DVD. 2010.

RAMIL, Vitor. **Campos Neutrais**. Satolep. CD. 2017.

REFLEXÕES SOBRE A CONSTRUÇÃO DE MITOS E CRENÇAS NA PÓS-MORTE[50]

Introdução

O objetivo deste trabalho é apresentar um panorama e fazer algumas análises sobre a construção dos mitos e da pós-morte nas sociedades primitivas, especialmente aquelas que ganharam notoriedade a partir dos estudos antropológicos. Fazendo uma relação, sempre que possível, com a organização da sociedade moderna, apontaremos algumas influências dessas cosmologias que surgem ou perpetuam até os dias de hoje.

Após a leitura de estudos de referência que abordam ou tocam a questão, não é de se espantar que o assunto ainda permanece um tabu mesmo no século XXI, e a modernidade tardia - ou pós-modernidade, como defendem alguns – ainda está impregnada das influências das sociedades primitivas. O tema, por sua vez, é um objeto riquíssimo para a investigação

---

[50] Originalmente ecrito em 2009.

antropológica ou cultural, já que perpassa por outros tantos assuntos de interesse: religião, organização social e cultural, narrativas.

Já no início do século XX, Malinovski (1984), além de inaugurar uma forma de investigação participativa – que se tornaria referência dentro da antropologia -, também nos mostrou o quanto a vida dos habitantes das Ilhas Trobriand, em Kiriwina, na Nova Guiné ainda sob o comando da Inglaterra, girava em torno da questão dos *baloma* (o espírito dos mortos). Durante os dez meses em que o autor passou no local, junto aos nativos, pôde perceber a importância que os *baloma* tinham na organização social e no pensamento coletivo dos habitantes das Ilhas. Influências semelhantes podem ser percebidas entre os índios Bororo de Mato Grosso, no Brasil. No texto "Os vivos e os mortos" que pertence ao livro *Tristes trópicos* de Lévi-Strauss (1996), esse tema é abordado. O mesmo acontece em *Deuses e vampiros*, pesquisa que Natan Wachtel (1996) realizou junto aos índios Urus em Chipaya, na Bolívia. Por fim, o artigo de Wallace de Deus (2001) nos aponta questões semelhantes que podem ser encontradas (ou reproduzidas) em mitos contemporâneos, como o Chupa-cabras.

Partiremos, portanto, dos estudos citados acima, numa tentativa de apresentar pontos em comum e que conduzam a uma reflexão acerca da construção dos mitos e da relação com a pós-morte nas sociedades primitivas, mostrando, mesmo que não explicitamente, as interferências desse tipo de organização que perduram até os dias de hoje, algumas vezes chegando a influenciar a moderna organização social.

Malinowski

Malinowski (1984, p. 157) inicia seu estudo dizendo o seguinte: "Entre os nativos de Kiriwina, a morte é o ponto de partida de duas séries de acontecimentos que se desenrolam quase independentemente uma da outra". E continua:

> [...] Uma delas é que o *baloma* (que é fortuna principal do espírito morto), 'vai para Tuma, uma pequena ilha situada a cerca de dez milhas a noroeste das Trobriand'[51] [...] A outra crença sustenta que o espírito após a morte leva uma existência curta e precária próximo da aldeia e em torno dos lugares habituais do morto, como a sua horta, ou a praia ou o poço. Nesta forma, o espírito chama-se *kosi* [...] (MALINOWSKI, 1984, p. 158).

---

[51] SELIGMAN. **The Melanesians of British New Guinea**. p. 733. *apud* MALINOWSKI, 1984, p. 158.

Essas crenças acabam por influenciar de maneira direta o comportamento e a organização social dos habitantes das Ilhas Trobriand. A crença e o medo, mesmo que não sejam muito profundos, convivem no inconsciente coletivo dos nativos, o que pode ser percebido durante a própria cerimônia fúnebre: o corpo é adornado com os objetos e artigos de valor que o falecido possuía. Dessa forma, acreditam os trobriandeses, o espírito conseguirá chegar até Tuma (a aldeia dos mortos) com a essência das riquezas que possuía em vida e conseguirá, portanto, pagar sua entrada a Topileta (o chefe da aldeia dos mortos). Do mesmo modo que cada homem se transformará num espírito ao morrer, os nativos também acreditam que o espírito dos objetos de valor também irão com o espírito daquele que os possuía em vida.

No entanto, a crença nativa diz que os *baloma* regressam à aldeia de tempos em tempos:

> [...] porque foi visitado e visto em Tuma por homens acordados e por homens adormecidos, e por aqueles que estiveram às portas da morte e voltaram à vida; porque tem uma função importante na magia nativa, recebendo mesmo oferendas e uma espécie de compensação; por último, porque confirma a sua realidade da maneira mais radical, regressando ao local da vida, pela reencarnação, levando assim uma existência contínua (MALINOWSKI, 1984, p. 163).

O mais interessante é que o trobriandeses sabem exatamente, com riqueza de detalhes, todos os percursos dos *baloma*, até seu retorno para a aldeia através da reencarnação. É certo que, como aponta Malinowski, existem algumas pequenas divergências de crença entre os nativos, porém isso não chega a formar qualquer questionamento que possa colocar em dúvida a existência dos *baloma*. Alguns nativos mais questionadores chegam a duvidar da crença nesse ciclo, no entanto esses são elementos isolados na Ilha.

Após a morte e a entrada em Tuma, o *baloma* viverá outra vida (na forma de espírito) muito parecida com a vida dos homens e morrerá novamente, para depois retornar à aldeia reencarnado. Mas nesse ínterim, o *baloma* não deixa de manter contato com o mundo dos vivos: nas Ilhas Trobriand quase todos já tiveram alguma experiência com algum deles: sombras são vistas, vozes de familiares falecidos são reconhecidas. Além disso, também existem os contatos que são realizados por intermédio das "pessoas privilegiadas" (que podem ser comparadas a feiticeiros) que conseguem visitar a terra dos mortos. Aliás, essas pessoas não são raras e normalmente cobram por esse tipo de serviço: comida, fumo ou mesmo algumas poucas libras.

O papel social dos *baloma* na vida de Trobriand é tão importante que a festa anual *milamala* (que poderíamos comparar ao período festivo do carnaval) se torna mais um ponto de integração dos espíritos à vida da aldeia. É um período de musicalidade e danças, no qual florescem ainda mais a sexualidade entre os nativos. Eles acreditam que o período da festa, que acontece depois das colheitas, é um momento de regresso dos *baloma*, e como num elo de ligação entre os dois mundos, a festividade é realizada de forma receber os espíritos, oferecendo a eles objetos de valor e alimentos, por exemplo.

Os *baloma* desenvolvem importante papel também na magia de Trobriand. Os nativos clamam por seus antepassados a partir da repetição de algumas fórmulas e cânticos como numa referência aos deuses. A horticultura, a caça e a pesca, a construção de canoas, as condições atmosféricas, a saúde e o amor, a guerra, podem passar pela ação dos espíritos que ajudam a manter, a partir da própria ação e também pela invocação feita pelos rituais, que muitas vezes são iniciados por uma longa lista de nomes de antepassados, a ordem social e a crença dos habitantes da Ilha.

Para completar o ciclo dos *baloma* e consequentemente a volta a partir da reencarnação, Malinowski nos revela o seguinte:

> [...] quando o *baloma* envelhece, os dentes caem-lhe, a pele fica solta e enrugada; dirigi-se então à praia e toma banho na água salgada; depois, tira a pele, tal como faria uma cobra, e fica de novo com o aspecto de uma criança; na verdade, é um embrião, um *waiwaia* – termo aplicado às crianças *in útero* e imediatamente após o parto. Um *baloma* feminino vê este *waiwaia*; pega-lhe e mete-o num cesto ou numa folha de coqueiro (*puatai*) entrançada e dobrada. Leva o pequeno ser para Kiriwina e coloca-o no útero de uma mulher, introduzindo-o *per vaginam*. Então, essa mulher fica grávida (*nasusuma*) (MALINOWSKI, 1984, p. 231-232).

Os trobriandeses, portanto, desconhecem as causas fisiológicas da gravidez – acreditam apenas no mito da reencarnação. Para eles a gravidez é sempre causada pela introdução ou pela entrada de um *baloma* no corpo de uma mulher, principalmente a partir do contato com a água. A crença é de que os bebês entram nas mulheres quando estas estão se banhando. Por esse motivo muitas mulheres têm medo de tomar banho, especialmente na maré alta. Criou-se, portanto, uma associação entre concepção e banho, de modo que mesmo uma mulher casada quando quer engravidar recorre às marés. Contudo, eles têm conhecimento que as mulheres virgens não podem engravidar: alegam que os *baloma* têm dificuldade em entrar no corpo de uma mulher que ainda não tenha se iniciado sexualmente – embora esse contato sexual para os trobriandeses aconteça entre os seis e oito anos de idade. Exatamente por isso, por ser a relação sexual tão presente e tão comum na vida dos nativos, eles fazem o seguinte questionamento: se há tentas mulheres solteiras e as relações sexuais são tão freqüentes, por que só vez ou outra ocorre uma gravidez? O correto, se a gravidez fosse consequência do ato sexual, no entendimento do nativo, seria um maior número de mulheres grávidas e com maior frequência. Dessa forma, mesmo a partir do contato com o homem branco, permanece a crença da gravidez pela reencarnação dos *baloma*.

Eles também ignoram por completo a contribuição do homem, embora tenham uma vaga idéia da relação existente entre o ato sexual e a gravidez. Esse fato pode ser comprovado se levarmos em consideração que se uma mulher solteira tiver um filho, a criança não terá pai - pelo simples fato de a mãe ser solteira. A criança, portanto, só será "adotada" por um pai se for gerada a partir de uma mulher casada. Os nativos acreditam ainda que a mulher que tem muitas relações sexuais está mais aberta e isso facilita a entrada do espírito do bebê.

Há um caso curioso que vale ser mencionado: um homem casado que se ausentou a trabalho e só retornou mais de um ano depois, quando encontrou sua mulher com um filho já nascido. Pois bem, esse homem assumiu a criança como se seu filho fosse, uma vez que em seu entendimento a criança era a reencarnação de um *baloma*, conforme falado anteriormente. Ainda que durante seu afastamento ele tenha estado em contato com o homem branco, e que quando voltou tenha sido "alertado" por essas novas amizades, ele se manteve fiel à sua crença.

Lévi-Strauss

Logo no início do texto "Os vivos e os mortos", Lévi-Strauss, referindo-se ao zunidor, um instrumento musical desenvolvido pelos índios Bororo de Mato Grosso, diz que: "[...] fazendo-os girar pela ponta de uma cordinha, produz-se um ronco surdo atribuído aos espíritos em visita à aldeia, dos quais as mulheres supostamente têm medo" (LÉVI-STRAUSS, 1996, p. 15).

Para os Bororo (de forma parecida com os trobriandeses estudados por Malinowski), as relações entre crenças espíritas e hábitos cotidianos misturam-se de forma tão natural que os índios não parecem perceber a separação entre um sistema e outro. Sobre essa relação, continua Lévi-Strauss:

> Provavelmente não existe nenhuma sociedade que não trate seus mortos com consideração. [...] Certas sociedades deixam seus mortos descansar; mediante homenagens periódicas, estes se absterão de incomodar os vivos; se voltam para vê-los será a intervalos, e em ocasiões previstas. E sua visita será benéfica, pois os mortos irão garantir, com sua proteção, o retorno regular das estações do ano, a fecundidade das hortas e das mulheres. Tudo acontece como se houvesse sido firmado um contrato entre os mortos e os vivos: em função do culto que lhes é votado, os mortos ficarão em seu lugar, e os encontros temporários entre os dois grupos serão sempre dominados pela preocupação com os interesses dos vivos (LÉVI-STRAUSS, 1996, p. 217-218)

Assim sendo, a própria continuidade dos que ficaram depende, de certa forma, das benfeitorias dos que se foram. E para que não haja atritos entre os daqui e os de lá, criam-se mecanismos e formas de agradecimento, que podem ser: ritos, festas, magia e oferendas, por exemplo.

Os Bororo também têm seus feiticeiros que podem estabelecer a conexão entre os mortos e os vivos: são os *bari*. Os *bari*, além dos poderes sobrenaturais que possuem, como se transformar em bichos durante a caçada e curar doenças desconhecidas, em geral, têm privilégios sobre os demais indivíduos: são os primeiros a receber parte das colheitas, do fumo e das caças – como num pagamento aos mortos, devido em agradecimento pelo que se conseguiu. Existe também outra importante figura de ligação entre o os mortos e os vivos: trata-se do Mestre do Caminho das Almas. A principal diferença entre os dois é que o primeiro está mais ligado às almas malfazejas e o segundo às almas benfazejas: "se o *bari* prevê a doença e a morte, o Mestre do Caminho a trata e cura" (LÉVI-STRAUSS, 1996, p. 223).

É claro que a divisão e a organização social são mais complexas do que foi descrito aqui, no entanto não pretendemos examinar os pormenores dessa questão. O que nos interessa é apontar apenas as relações entre os vivos e os mortos de modo a poder comparar com os apontamentos de Malinowski e também com o nosso cotidiano – que está impregnado desse tipo de relação.

Para finalizar sua análise, Lévi-Strauss diz:

> Por mais que os Bororo tenham desenvolvido seu sistema numa prosopopéia falaciosa, assim como outros, eles não conseguiram desmentir essa verdade: a representação que uma sociedade cria para a relação entre os vivos e os mortos reduz-se a um esforço para esconder, embelezar ou justificar, no plano do pensamento religioso, as relações reais que prevalecem entre os vivos (LÉVI-STRAUSS, 1996, p. 230).

É interessante percebermos que o apontamento final de Lévi-Strauss se encaixa perfeitamente, ainda nos dias de hoje, a muitas relações modernas parecidas com as descritas pelo antropólogo. E esse tipo de relação está presente inclusive nas grandes cidades. Não se trata apenas de comportamentos autóctones, mas de uma verdade cotidiana que pode ser percebida em várias crenças e cultos religiosos.

Natan Wachtel

Com os índios Urus de Chipaya, que se localiza nos altiplanos bolivianos, a relação entre mortos e vivos e a questão da pós-morte pode ser percebida através dos temidos mitos chamados *kharisiri*, que Wachtel descreve como:

> [...] personagens mais ou menos míticos que, nos caminhos desertos ou nas casas em cujo interior se introduzem durante a noite, mergulham suas vítimas

> em sono profundo, por meio de diversos tipos de pó,
> e se aproveitam de sua inconsciência para delas
> extrair gordura (ou sangue, segundo outras versões
> mais recentes) (WACHTEL, 1996, p. 68).

É interessante dizermos que o sangue e a gordura são oferendas essenciais no mundo andino. Porém, a figura do *kharisiri* é vista como um espírito do mau, já que suas vítimas são sempre humanas. Por outro lado, existem também os *mallkus*, que são santos que em troca de oferendas voluntárias protegem os homens.

No método de investigação que Wachtel desenvolveu, no qual fez uma análise regressiva da história a partir das questões que surgem em campo, ficamos sabendo que a figura do *kharisiri* está associada à figura do espanhol e surge, pela primeira vez, numa crise que se estabeleceu entre a sociedade indígena e a dominação espanhola durante o movimento de colonização da América. Não por acaso, na literatura etnográfica, muitas vezes a figura do *kharisiri* pode aparecer travestida de *gringo*.

Portanto, é a partir desse momento histórico que surgem alguns mitos que até meado dos anos 1980 (quando foi feita a pesquisa de campo de Wachtel) ainda amedrontava quase toda população de Chipaya. Figuras parecidas e com poderes semelhantes aos *kharisiri* também apareceram, no mesmo período de colonização, no Peru. É como se os índios buscassem uma cosmologia para entendimento do mal que estava os acometendo naquele período. Wachtel chega a dizer que, curiosamente, a figura do estripador que extrai gordura humana ainda pode ser encontrada em algumas regiões da Espanha.

Dessa forma, os indígenas ainda associavam quase todo o mal que acontecia na aldeia aos *kharisiri* - assim como os males causados por eles também podiam ser entendidos, em alguns momentos, como um castigo divino às más condutas dos homens na terra. É importante notar que sempre que a aldeia passava por um momento de crise, a figura do *kharisiri* voltava à tona, como numa reação quase que involuntária de defesa das tradições frente às ameaças do mundo exterior que se aproximava.

Wallace de Deus Barbosa

Para finalizar, nossa quarta e última exposição, o artigo "Mitopoiesis contemporâneas: o chupa-cabras!" de Wallace de Deus Barbosa (2001), revela alguns desdobramentos contemporâneos dos mitos e mitologias tradicionais – como os exemplos dos três estudos anteriores.

O autor nos mostra como o imaginário e o inconsciente da população contemporânea pode estar carregado de influências como as apresentadas neste artigo. Narrativas semelhantes às dos trobriandeses em Nova Guiné, dos índios Bororo no Brasil e dos índios Urus na Bolívia podem ser encontradas nas recentes fenomenologias e mitos surgidos nos últimos anos.

Além de nos apresentar alguns outros mitos indígenas no Brasil, como a lagarta *Kuruapê* dos índios Wayana-Aparaí no Pará, que se transformava num jovem amante, e o mito de *Tamakavi* dos índios Kamayurá, no qual os bichos desenhados em papel por *Tamakavi* se transformavam em bichos de verdade caso alguém os visse[52], Barbosa afirma que:

---

[52] Para maiores explicações sobre esses mitos, *Cf.*, respectivamente: VAN VELTHEN, Lucia Hussak. Das cobras e lagartas: a iconografia Wayana. In: VIDAL, Lux. (Ed.). **Grafismo indígena:** estudos de antropologia estética. São Paulo: Nobel/Fapesp/Edusp, 1992. e VILLAS BOAS, Orlando; VILLAS BOAS, Cláudio. **Xingu:** os índios, seus mitos. São Paulo: Edibolso, 1975 *apud* BARBOSA, Wallace de Deus, 2001.

> Perto deste amplo e complexo universo, 'caiporas', 'mulas-sem-cabeça' e 'lobisomens' parecem representar uma fração diminuta dos seres imaginários que a cada dia são produzidos pelas culturas humanas: indígenas ou não. E esse é o ponto que gostaria de enfatizar aqui. Os mitos estão o tempo todo sendo gerados, reproduzidos e re-inventados a partir do trabalho do pensamento em estado selvagem. Os mitos indígenas o tempo todo incorporam novidades do mundo dos 'brancos' (BARBOSA, 2001, p. 120).

E continua:

> [...] A incorporação de elementos culturais novos não é incompatível com o modo de funcionamento do mito, muito pelo contrário. Os mitos não são necessariamente 'coisa do passado', nem tão estáticos como acreditavam alguns estruturalistas. [...] Os mitos se constroem e se renovam a cada dia, no imaginário contemporâneo (BARBOSA, 2001, p. 121).

Seguindo esse raciocínio o autor nos apresenta o *Chupacabras* como sendo um caso de mito contemporâneo. Surgido nos anos 1990 em Porto Rico e se espalhando rapidamente por outros países, incluindo o Brasil, o *Chupacabras* se assemelha muito aos *kharisiri* dos índios Urus de Chipaya, na Bolívia, apontado por Natan Wachtel, já que o primeiro supostamente também chupa o sangue e/ou órgãos internos de suas vítimas, geralmente animais. Seu nome, aliás, deriva do fato de suas primeiras vítimas terem sido cabras.

Outro mito contemporâneo brasileiro - que não chega a ser mencionado no artigo aqui analisado -, curiosamente também surgido nos anos 1990, e que pode ser entendido como resultante desse processo, é o *ET de Varginha*, no estado de Minas Gerais, Brasil. O caso ganhou repercussão nacional e internacional a partir de testemunhas que dizem ter visto algumas criaturas de aspectos estranhos e OVNIS pelo céu da cidade.

Varginha, a cidade que deu nome ao caso, acabou ganhando repercussão nacional e adotou o tema, a partir da construção simbólica e também estrutural do mito, como o que foi denominado de Nave Espacial de Varginha (uma caixa d'água em formato de nave, com cerca de 5 metros de diâmetro) e que virou símbolo e ponto turístico da cidade.

O apropriação que a cidade de Varginha fez do caso é uma típica construção de identidade a partir do surgimento de um mito. Dessa forma, podemos terminar dizendo que esse tipo de acontecimento pode muitas vezes guiar a construção de uma identidade local e, inclusive, determinar as relações culturais de uma dada sociedade.

Considerações finais

Conforme tentamos mostrar, as relações sociais criadas e/ou geradas a partir dos mitos e da relação com a pós-morte têm suas origens normalmente ligadas à organização social e aos costumes da sociedade em que surge. Como nos disse Lévi-Strauss (1996), toda sociedade tem seus mitos e crenças com os mortos e essa relação pode influenciar todo o *modus vivendi* em comunidade. As relações sociais podem ser tecidas, portanto, levando-se em conta as cosmologias que se apresentam numa dada sociedade.

Os mitos, as crenças, a magia, os valores de culto, a fertilidade da terra e da mulher, tudo enfim, especialmente nas sociedades primitivas, pode estar diretamente ligado às cosmologias, uma vez que para os autóctones são os deuses e vampiros (como sugere título do livro de Natan Wachtel) quem decide tudo. A sobrevivência e continuidade das tradições e dos homens nas sociedades primitivas passam, quase que obrigatoriamente, pelo entendimento e interpretação da relação que possuem com suas respectivas mitologias – ainda que muitas dessas organizações apresentem traços parecidos.

Basta levarmos em conta que os estudos apresentados neste artigo datam respectivamente os seguintes anos: 1915-1916 (Malinowski), 1955 (Lévi-Strauss), 1984 (Natan Wachtel) e 2001 (Wallace de Deus). Do primeiro ao último estudo passaram-se quase 100 anos e as ligações e relações que podemos fazer entre eles ainda hoje permanecem atuais. O que acontece são renovações dos mitos no imaginário contemporâneo, a exemplo dos citados *Chupa-cabras* e *ET de Varginha*.

Essa readaptação dos mitos aos novos tempos mais uma vez nos prova a dinâmica da cultura. O imaginário da sociedade contemporânea, para não perder seus vínculos mitológicos mais ancestrais, muitas vezes incorpora outros elementos culturais que acabam por gerar outros mitos.

Ao mesmo tempo, no que se refere a pós-morte, as idéias e crenças sobre o além-mundo ainda continuam as mais variadas possíveis. Mesmo com os avanços que o século XX nos trouxe e os que o XXI estão trazendo, parece que o homem tem mesmo a necessidade de guardar algo de seus antepassados mais primitivos. E essa necessidade muitas vezes pode ser revelada ao estudarmos o plano das cosmologias.

Por fim, em última instância, cabe ressaltar que esses vínculos e crenças podem servir para balizar o homem na sua relação social e, em virtude disso, agir sobre o inconsciente coletivo da sociedade na qual ele está inserido.

Referências

BARBOSA, Wallace de Deus. Mitopoiesis contemporâneas: o chupa-cabras! In: **Poiesis:** Estudos de Ciência da Arte (Publicação do Programa de Pós-Graduação em Ciência da Arte da UFF). Niterói: UFF, 2001. v.3, p.177-124.

LÉVI-STRAUSS, Claude. Os vivos e os mortos. In: LÉVI-STRAUSS. **Tristes trópicos**. São Paulo: Cia. das Letras, 1996.

MALINOWSKI, Bronislaw. Baloma: o espírito dos mortos nas Ilhas Trobriand. In: MALINOWSKI, Bronislaw. **Magia, ciência e religião**. Lisboa: Edições 79, 1984.

WACHTEL, Nathan. **Deuses e vampiros**. São Paulo: EDUSP, 1996.

A MÚSICA POPULAR BRASILEIRA NO SÉCULO XX: UM PANORAMA A PARTIR DE JOSÉ RAMOS TINHORÃO[53]

Introdução

Tomaremos como base para nossas discussões o livro "A História Social da Música Popular Brasileira" de José Ramos Tinhorão, mais especificamente os três capítulos que tratam do século XX, são eles: O Estado Novo, O Pós-Guerra e O Regime Militar de 1964.

No primeiro texto, cujo subtítulo é "Getúlio Vargas: Música Popular, Produto e Propaganda", mostraremos os aspectos socioeconômicos que possibilitaram a ascensão e a popularização da música popular brasileira urbana, surgida inicialmente na então capital do Brasil, o Rio de Janeiro, para depois despertar movimentos e produções semelhantes em diversos pontos do país. Também veremos como a política varguista se apropriou da música para difundir as idéias e as intenções político-nacionalistas de Getúlio Vargas. Em

---

[53] Originalmente escrito em 2009.

seguida entraremos no segundo texto, cujo subtítulo "A Montagem Brasileira da Bossa Nova e o Protesto Musical Universitário" dá um panorama do surgimento da bossa nova no seio da alta classe média carioca e os conflitos travados com a música popular que era produzida sobretudo pelas camadas pobres que ocupavam o centro da cidade do Rio de Janeiro, além de apontar o período de surgimento dos festivais da canção que ficaram marcados pelas músicas de protesto e por gerar nomes como Edu Lobo, Chico Buarque, Caetano Veloso e Gilberto Gil. No terceiro e último capítulo, cujo subtítulo é "O Movimento Tropicalista e o 'Rock Brasileiro'", mostraremos como se dá o surgimento da Tropicália, do chamado rock nacional e da Jovem Guarda. Veremos como, na visão de Tinhorão, esse momento foi propício ao uso da eletrificação dos instrumentos e como o modelo econômico, de total dependência externa, se refletia também no campo da cultura, especialmente na música, que importava as novidades da guitarra elétrica e do rock americano tentando criar no Brasil um produto semelhante que pudesse refletir os anseios da juventude universitária e abastecer o nascente e lucrativo mercado da indústria cultural.

O Estado Novo

A Era da Música Popular Nacional

Getúlio Vargas: Música Popular Produto e Propaganda

Representando setenta e um por cento das exportações do país no plano da economia, o café era um problema que exigia soluções de Getúlio Vargas que acabava de assumir o poder. O interessante é notar que tomando atitudes que não comprometiam a expansão da produção, mas sim o preço que o Estado pagava pelo produto aos produtores, Vargas comprava o excedente da produção e acumulava café com preço abaixo da cotação internacional. Ao mesmo tempo, essa medida ajudou o capital nacional a não sair do país e diminuía as importações, uma vez que esse capital ficava nas mãos dos produtores de café. Artificialmente, portanto, Vargas matinha a economia sob controle e estimulava o crescimento interno tomando como base a criação de uma burguesia industrial. É nesse período também que surgem as indústrias siderúrgicas e as indústrias de produção de energia.

> No plano cultural, o espírito de aproveitamento das potencialidades brasileiras que informava a chamada nova política econômica, lançada pelo governo Vargas, encontrava correspondente nos campos da

> música erudita com o nacionalismo de inspiração folclórica de Villa-Lobos, no da literatura com o regionalismo pós-modernista do ciclo de romances nordestinos e, no da música popular, com o acesso de criadores das camadas baixas ao nível de produção do primeiro gênero de música urbana de aceitação nacional, a partir do Rio de Janeiro: o samba batucado, herdeiro das chulas e sambas corridos dos baianos migrados para a [então] capital (TINHORÃO, 1998, p. 290).

Era, portanto, dentro desse panorama que iria se desenvolver muito daquilo que hoje nós chamamos de música popular brasileira. No entanto, num primeiro período anterior, que vai de 1917 a 1927, já haviam surgidos grandes nomes da música popular brasileira, entre eles Donga, Sinhô, Pixinguinha, Caninha e Careca. Porém, as gravações que esses músicos fizeram no citado período ainda guardavam algo de parentesco com os antigos sambas dos baianos do Recôncavo que haviam migrado para o Rio de Janeiro, e se localizavam especialmente na zona portuária da cidade.

A grande mudança acontece no Bairro do Estácio, no Rio de Janeiro, onde vão surgir os primeiros músicos do próprio Rio de Janeiro e que darão origem à criação popular carioca que contribuirá definitivamente para a carreira comercial do gênero e dos próprios músicos na já implementada indústria fonográfica brasileira: trata-se do samba batucado e marchado do Estácio. É no Bairro do Estácio, local predominantemente de pobres e marginalizados que em 1928, em torno de um bar, um grupo decide criar um bloco chamado *Deixa falar*, que tinha como objetivo sair no Carnaval de forma pacífica e ao som de sambas. É a partir daqui que começam a surgir as escolas de samba e o que Tinhorão chama de nova forma do samba urbano – ou samba carioca.

O samba carioca tinha uma nova marcação (originada principalmente com a introdução do surdo) que propiciava o andamento mais solto dos foliões pelas ruas ao mesmo tempo em que o samba era empurrado para frente. O fato é que essa diferença no ritmo travou discussões dentro do cenário musical e figuras como Donga e Ismael Silva divergiam sobre o que era samba, maxixe e marcha. Discussões à parte, o que pretendemos aqui é mostrar como a música produzida pelas camadas populares urbanas do Rio de Janeiro vinha ganhando repercussão na capital e também fora dela.

A indústria fonográfica que estava em expansão no Brasil e que se instalara na capital, o Rio de Janeiro, percebera a importância dessa música popular urbana e a possibilidade de uso comercial do que estava sendo produzido pelos compositores do Bairro do Estácio. Eis alguns pontos que contribuíram para isso: primeiro porque o período varguista, conforme apontado, incentivava o nacionalismo e coincidia com o ideal modernista da Semana de 1922, ou seja, a música produzida pelas baixas camadas populares urbanas se encaixava perfeitamente dentro da proposta de Vargas; segundo porque com surgimento de uma classe burguesa no país ávida por novidades e por consumo (conforme o modelo europeu) e com o desenvolvimento industrial do mercado de discos (principalmente a partir das grandes multinacionais que se instalaram no Rio de Janeiro), esses compositores e o tipo de música produzida por eles encaixavam-se perfeitamente no crescente mercado de música de consumo e de valorização do país. E obviamente a indústria fonográfica se aproveitou disso, pois colocava no mercado a idéia "comercial de vender a música das camadas mais baixas do Rio de Janeiro pelo seu lado pitoresco." (TINHORÃO, 1998, p. 296). O que também muito contribuiu para a popularização do gênero foi "o casamento da tradição do choro da pequena classe média com o samba das classes baixas" (TINHORÃO, 1998, p. 296), simbiose essa que serviu para melhor popularização e aceitação por parte da burguesia urbana ascendente. Daí em diante não tardou muito para que as nascentes orquestras de modelo americano incorporassem o que estava sendo produzido por essas camadas pobres da cidade:

> Uma vez realizada por meio dos conjuntos regionais essa síntese da criação de um estilo de música urbana brasileira de origem popular, capaz de ser assimilada pela classe média, seria preciso apenas efetuar a transposição do som obtido para as orquestras de formação convencional, com seus vários naipes de sopro e sua percussão já modernizada com o emprego da chamada bateria americana herdada dos *jazz-bands* (TINHORÃO, 1998, p. 297).

Esse tipo de assimilação, pelas chamadas *jazz-bands*, só foi possível na década de 1920, por causa de um músico em especial: Pixinguinha, que sem dúvida foi o maior músico de choro da primeira metade do século XX no Brasil. Não por acaso foi contratado por uma empresa fonográfica multinacional – a Victor Talking Machine Company Of Brasil - onde foi responsável pela melodias e arranjos da Orquestra Victor Brasileira. E foi a boa aceitação desse tipo de música que estimulou as empresas fonográficas com representação no Brasil a investirem nas novidades regionais que passaram a ser produzidas para todas as camadas da sociedade.

Em paralelo a essa expansão as rádios também se popularizavam no Brasil, fenômeno que iria fazer a música popular brasileira dominar o mercado nacional durante todo o período Vargas, de 1930 a 1945, coincidindo com a política econômico-nacionalista varguista – como resquício dessa época ainda permanece até os dias de hoje o programa "A Hora do Brasil", desde 1971 chamado "A Voz do Brasil", porém com muito poucas diferenças no formato desde sua criação na era Vargas.

Com tamanho incentivo e popularidade durante o período político de Getúlio Vargas, era natural que a música popular brasileira fosse utilizada com propósitos políticos, e somava-se a isso o fato de um acordo de reciprocidade econômica desfavorável ao Brasil ter sido assinado com os Estados Unidos, ao mesmo tempo em que era assinado um outro acordo com a Alemanha para compensar as perdas com os norte-americanos e também a anunciação da II Guerra Mundial na Europa. Vargas sabia da força da utilização da música como um dos pilares para impor sua política e sua forma de pensamento.

O problema é quando os Estados Unidos iniciam sua política massiva de divulgação do estilo de vida americano – o *American way of life* – que é mostrado a todo tempo pelos filmes hollywoodianos que invadiam não só o Brasil mas toda a América Latina e outras partes do mundo, e que também vinham carregados da música produzida naquele país. Com o fim da II Guerra Mundial e a ascensão dos Estados Unidos, a crescente burguesia brasileira fica ansiosa por novidades e quer esquecer o modelo até então vigente. Assim, Getúlio Vargas é derrubado do poder e o capital norte-americano aliado à propaganda massiva invade o Brasil, tirando, segundo Tinhorão, a música brasileira do patamar de música predominante e mais consumida no país. É o fim do Estado Novo e, portanto, da era varguista.

O pós-guerra

A atração do "internacional"

A montagem brasileira da bossa nova e o protesto musical universitário

Nesse momento, pós II Guerra Mundial, já podemos dizer que a americanização já tinha se tornado uma realidade endêmica, pois tudo que lembrava o "nacional" soava como algo ultrapassado: a novidade era sempre o que vinha de fora, e o que vinha de fora quase sempre tinha origem nos Estados Unidos, o país modelo da democracia.

Isso foi possível especialmente após a abertura do Brasil às importações, muitas vezes numa tentativa de modernização do país a partir de compras de sucatas dos países europeus, tais como velhas ferrovias e material industrial ultrapassado, ou mesmo pelo pagamento da dívida externa. Nesse momento a massa urbana começa seu processo infreável de consumo, como que numa tentativa de se atualizar perante os anos de atraso. E obviamente, a música importada (último ritmo da moda) também entrava nesse pacote: o *fox-blue*, o *be-bop* e o *rock'n'roll*, que permanece até os dias de hoje.

Ainda que em 1951 Vargas tenha voltado eleito pelo povo, sua vontade de reverter esse quadro foi impedida em face às tormentas e contratos assinados entre Brasil e Estados Unidos com apoio dos militares brasileiros. Esse mesmo quadro é semelhante ao que acontecia no plano da música popular brasileira, pois já na década de 50, "além das gravações originais estrangeiras, [existia também uma] avalanche de "versões" com que se acomodavam as novidades da música internacional ao analfabetismo das grandes camadas" (TINHORÃO, 1998, p. 309). É justamente nesse momento que surge a Bossa Nova. Sobre esse assunto, prossegue Tinhorão (TINHORÃO, 1998, p. 309):

> Contra essa decadência da música popular brasileira comercial se levantaria em fins da década de 1950 um grupo de jovens mais representativos das novas gerações filhas das famílias de classe média emergentes do pós-guerra, e cuja ascensão motivou a explosão imobiliária do bairro escolhido para seu reduto: a Copacabana famosa por suas praias de cartão-postal e anúncios de turismo.

É nesse mesmo período que Tinhorão aponta a ocorrência da acentuação de desigualdades geográficas e sociais no Rio de Janeiro: os pobres vão para os morros cada vez mais longes e os ricos e remediados se concentram na zona sul da cidade. E esse também é um dos motivos que faz Tinhorão crer que os jovens ricos que ficaram isolados na parte nobre da cidade cresceram sem conhecer a tradição da música popular brasileira, que ficava praticamente localizada no centro da cidade e arredores – local onde existia uma atmosfera de informalidade e promiscuidade que favorecia a circulação, a divulgação e o consumo da música produzida pelas camadas populares que ali se encontravam. O resultado desse impasse, ainda segundo Tinhorão, foi o rompimento desses jovens de classe média com a herança da música brasileira, criando assim um novo ritmo (que não dialogava com a tradição) e que se dizia inovador.

A esses jovens, que mais precisamente em 1958, ano de nascimento da Bossa Nova, criaram esse ritmo, é feita uma projeção da alienação porque passava o país naquele momento: Tinhorão diz que o resultado dessa alienação das elites brasileiras é a própria Bossa Nova criada por esses jovens da classe média carioca, que nega a principal riqueza da música brasileira produzida até então: o ritmo.

O fato é que esses jovens, muito influenciados pela música estrangeira, especialmente pelo *jazz* vindo dos Estados Unidos, criaram o samba bossa nova tendo como base o *jazz* e a música clássica, a interpretação das canções dentro do modelo *cool* (à la Chet Baker) e a intelectualização das letras. Para Tinhorão é uma mistura de *jazz* e samba que há muito vinha sendo solicitada nas *boîtes* de Copacabana, onde a elite freqüentava e estava ávida pelo gosto internacional (lembrando que o que vinha de fora era considerado moderno), porém com algumas pitadas brasileiras (diga-se: samba).

Nesse momento pode-se dizer que a música brasileira ficou dividida em dois grandes blocos: de um lado a música popular produzida pelas camadas mais pobres da cidade e que tinham como principal intuito fazer música de rua para se divertirem no Carnaval e nas demais festas populares, e de outro lado a Bossa Nova, destinada à elite intelectual e financeira do Rio de Janeiro (e posteriormente de boa parte do país e do mundo) interessadas em novidades e num tipo de música que soasse como moderna.

No plano político-econômico o Brasil via-se dependente em todos os aspectos dos norte-americanos: o plano de Juscelino Kubitschek, embora ousado, não estava dando conta de absorver toda mão-de-obra qualificada gerada no país, assim como não havia perspectivas de crescimento para esses jovens que saiam das universidades brasileiras. Esse momento político fez com que surgisse um movimento organizado por jovens da UNE, o CPC – Centro Popular de Cultura, que tinha entre seus objetivos a discussão política pelo viés da cultura e, no caso da música, isso significou mais precisamente música engajada.

Como os jovens de classe média da Bossa Nova não conseguiam reproduzir a realidade do povo brasileiro, tentam nesse momento estabelecer contato com os criadores populares, como Cartola, Nelson Cavaquinho e Zé Keti - e talvez a pessoa mais criticada por essa aproximação tenha sido Nara Leão, filha da alta sociedade carioca e musa da Bossa Nova, que regravou alguns sambas de Zé Kéti e que também participou do espetáculo *Opinião*. O que aconteceu é que a linguagem musical dos jovens da Bossa Nova não se integrava com a linguagem dos compositores populares e, para Tinhorão essa aproximação não passava de uma atitude interesseira por parte dos jovens compositores, já que não conseguiam encontrar uma linguagem musical que pudesse ser chamada genuinamente de brasileira.

A essa altura, com o regime militar já instaurado no país, começavam a aparecer e se popularizar rapidamente os festivais de música, que acabaram gerando uma segunda leva de músicos filhos da Bossa Nova e que já tentavam criar um tipo de música também voltada para os universitários da classe média, porém, na qual pudessem denunciar as mazelas do povo e da política ditatorial do Brasil. Surgem nesse período: Edu Lobo, Capinan, Geraldo Vandré, Chico Buarque etc. Também é o período em que aparecem Caetano Veloso e Gilberto Gil e o movimento tropicalista.

O regime militar de 1964

A Era do Colonialismo Musical

O Movimento Tropicalista e o "Rock Brasileiro"

No terceiro e último capítulo que aborda o século XX, Tinhorão faz uma análise do que acontece durante o regime militar no Brasil, mostrando a realidade que fez com que surgissem no país movimentos musicais que se diziam, para usar a expressão de Caetano Veloso, dentro da "linha evolutiva" da música popular brasileira, como o próprio Tropicalismo do qual Caetano foi uma das principais figuras, ou movimentos que reproduziam o que era criado nos Estados Unidos, como o chamado "rock brasileiro" dos anos 1980.

Para Tinhorão, o surgimento desses movimentos, liderados – assim como a Bossa Nova – por jovens universitários tinham alguns motivos: a popularização do rock e das guitarras elétricas (que seria uma das marcas do Tropicalismo) e o crescimento e domínio cada vez maior da indústria cultural que tinha no rádio, na televisão e na indústria fonográfica os suportes necessários para direcionarem o gosto dos jovens de acordo com aquilo que pretendiam vender. Nesse ponto, torna-se também uma marca desse período a inclusão do jovem dentro do mercado de consumo, especialmente no que se refere à incipiente cultura de massa, pois até então o jovem era excluído desse sistema. É com a evolução dos meios de comunicação e dos *media* que esse grupo passa a ser fonte de lucro para a indústria e como tal precisa ser atendido, especialmente com as novidades temporárias. E no plano cultural isso repercutiu na estandardização de modelos que poderiam ser assimilados por um grande número de pessoas e consequentemente gerar lucros cada vez maiores para as multinacionais.

Na visão de Tinhorão, o Tropicalismo, portanto, era também um movimento de jovens universitários que tinha como propósito criar uma sonoridade ambientada com o que estava acontecendo naquele momento histórico, que resumidamente era a liberdade de expressão aliada ao uso do instrumental elétrico do rock – que era uma música jovem e que expressava rebeldia. Pois bem, os jovens baianos fizeram do Tropicalismo um movimento brasileiro pautado nesses pilares e é justamente essa a crítica de Tinhorão, pois eles esquecem todo o passado histórico da música popular brasileira e criam um movimento alicerçado num modelo industrial e que não refletia a realidade da música brasileira produzida pelas camadas pobres da sociedade.

Ora, não é de se espantar que justamente nesse período surgem nomes como Roberto Carlos, Erasmo Carlos e Wanderléa (as principais figuras da Jovem Guarda): ícones que se dirigiam à juventude e eram de fato produtos resultantes da indústria da cultura de massa, especialmente da televisão – na qual tiveram um programa que se estendeu de 1965 a 1969. Isso fica muito claro se examinarmos a indústria que existia por trás da Jovem Guarda, que inclusive já trazia no próprio nome do movimento o perfil do público que ela pretendia atingir. Para Tinhorão, Roberto Carlos e sua turma são o produto modelo da indústria de massa que era direcionada a esse novo nicho lucrativo do mercado: os jovens. Era uma infinidade de produtos que deveria atender às necessidades desse público: bolsas, sapatos, camisas, calças jeans, *bottons*, óculos e tudo mais que pudesse gerar lucro, além, é claro, da música.

Também surge desse momento histórico, principalmente a partir de década de 1980, o chamado "rock brasileiro", que aparece com mais frequência a partir da realização, em 1985, do primeiro grande festival do rock no Brasil: o Rock In Rio

– que segundo Tinhorão foi marcado estrategicamente antes do Carnaval, para ofuscar ainda mais a tradicional festa brasileira, cedendo lugar e espaço na mídia para os astros internacionais. É a partir desse período, portanto, que bandas nacionais começam a criar um modelo de música inspirada categoricamente no que se fazia fora do país – não se preocupando em nada com a história nem com a "linha evolutiva" da música brasileira, diferentemente do pregavam os movimentos anteriores, como a Bossa Nova e o Tropicalismo – ainda que Tinhorão discorde dessa hipótese.

Considerações finais

Conforme apontado durante o desenvolvimento do trabalho, na visão do jornalista e pesquisador José Ramos Tinhorão a música popular brasileira passa a entrar em decadência, esquecendo suas raízes, a partir do fim do Estado Novo varguista, e de forma mais acentuada a partir do Pós-Guerra, com a tomada do poder pelo regime militar no Brasil.

De fato, de acordo com a posição tomada por Tinhorão somos realmente levados a acreditar que a música popular brasileira foi esquecida em função das superficialidades do mercado e das diretrizes da indústria cultural, mais especificamente da (atualmente decadente) indústria fonográfica. Porém, é bom lembrarmos alguns pontos: embora esses compositores populares tenham ficado esquecidos pelo sistema, eles continuaram produzindo e influenciando muitos outros músicos, mesmo que de forma marginalizada, como, aliás, parece ser uma característica do mercado para com essa categoria de músicos. Não é de surpreender que embora o mercado tenha decidido as diretrizes e os gostos das grandes massas, os compositores populares ainda continuam surgindo, talvez em menor escala, e possivelmente já influenciados pelo modelo dominante do sistema, porém, suas vozes ainda se fazem presentes – ainda que por via de outros intérpretes que muitas vezes são conhecidos do grande público. Um exemplo que pode ser citado são os compositores escolhidos pelo falecido malandro Bezerra da Silva, que em sua maioria eram trabalhadores anônimos, moradores da Baixada Fluminense e dos morros cariocas que compunham em momentos de lazer[54]. Outro compositor que também vem chamando a atenção no Rio de Janeiro é o sambista Moacyr Luz, que

---

[54] Sobre esse assunto, ver o documentário *Onde dorme a coruja*, de Márcia Derraik e Simplício Neto. Rio de Janeiro, RJ, 2001.

consegue trazer em suas composições a herança da música produzida especialmente pelo samba carioca. Ainda no Rio de Janeiro, a revitalização do Carnaval de rua e dos inúmeros blocos que a cada ano crescem, são a prova de que há algo que ainda não desapareceu. Afinal, como diz a canção, o samba agoniza mas não morre, apesar de todas as mudanças a que foi submetido com o passar do tempo[55]. Obviamente que esse é um universo muito restrito e não pode ser entendido como a única verdade, porém, o que pretendo aqui é apenas visualizar outras possibilidades e ampliar os horizontes, pois caso contrário pensaremos todos que a música brasileira acabou na década de 1960, o que, a meu ver, não é verdade. Acredito que devemos concordar com as muitas críticas de Tinhorão, porém sem acreditar exclusivamente nelas.

Vivemos um momento de grande euforia da música pela internet, ao mesmo tempo em que a já ultrapassada indústria fonográfica parece estar fadada a desaparecer, ou pelo menos perder muito de sua força e onipresença, que dominou praticamente todo o século XX. Hoje é fácil ter acesso à grande parte das produções musicais brasileiras, sejam elas de qualquer época, praticamente tudo pode ser achado na

---

[55] "Agoniza mas não morre", composição de Nelson Sargento.

internet de forma gratuita e, teoricamente, por todos. Os sambas do início do século passado podem ser conhecidos por qualquer jovem que tenha interesse no assunto, bastando para isso dedicar algum tempo a pesquisas nos milhares de *blogs* voltados exclusivamente para a música brasileira.

É certo que Tinhorão não se preocupou em seu livro "A História Social da Música Popular Brasileira" sobre esse e outros assuntos inerentes à realidade do século XXI. Ademais, essas possibilidades e recursos tecnológicos ainda estão concentrados nas mãos de uma minoria com poder aquisitivo – apesar da popularização dos computadores e da propagação das *lan houses* em todos os lugares – que acaba procurando a música popular brasileira mais por interesse e vontade própria do que por direcionamento da indústria.

Por fim, vale ressaltar aqui que a própria indústria criou mecanismos – que fugiu ao seu controle – que permitem a todos, a priori, ter acesso aos mais variados tipos de música, e de forma gratuita. Ainda que, mesmo nos dias de hoje, seja a indústria quem dita os comportamentos e gostos musicais de grande parte da população, dispomos neste momento de outras possibilidades e meios que permitem que não fiquemos escravos apenas da *mass media*. Certamente esses meios, em especial a internet, já estão sendo usados com outros propósitos e muitas vezes de forma aliada à indústria, o que nos demanda maior atenção sobre o que estamos consumindo por esses suportes, porém, também é certo que deixamos de ser guiados exclusivamente pelos grandes meios de comunicação e temos pelo menos a chance de atuar de forma mais ativa, muitas vezes sendo criadores e partilhando conteúdos, o que até pouco tempo atrás seria praticamente impossível para a maioria das pessoas.

Referência

TINHORÃO, José Ramos. **História social da Música Popular Brasileira**. São Paulo: Editora 34, 1998.

SOBRE O AUTOR

Valterlei Borges nasceu no Rio de Janeiro (RJ), cresceu em Paraty (RJ) e atualmente reside em São Paulo (SP). É Doutor em Estudos de Literatura (Literatura Comparada) pela Universidade Federal Fluminense. Autor de *Novos modelos de produção musical e consumo* (EDUFF, 2014) e organizador de *Identidade e diferença na canção latino-americana* (FFLCH/USP, 2019), entre outros.

Críticas, sugestões e/ou elogios podem ser enviados diretamente para o autor: val.borges@gmail.com.

https://medium.com/provisoriopermanente

provisorioproducoes@gmail.com

2020